华章经管

HZBOOKS | Economics Finance Business & Management

华章经典 · 金融投资

有效资产管理

THE INTELLIGENT ASSET ALLOCATOR

How to Build Your Portfolio to
Maximize Returns and Minimize Risk

|典藏版|

[美] 威廉 J. 伯恩斯坦 著　王红夏 张皓晨 译

图书在版编目（CIP）数据

有效资产管理（典藏版）/（美）威廉 J. 伯恩斯坦（William J. Bernstein）著；王红夏，张皓晨译．—北京：机械工业出版社，2018.10
（华章经典·金融投资）
书名原文：The Intelligent Asset Allocator: How to Build Your Portfolio to Maximize Returns and Minimize Risk

ISBN 978-7-111-61152-3

I. 有… II. ①威… ②王… ③张… III. 投资管理 IV. F830.593

中国版本图书馆 CIP 数据核字（2018）第 231414 号

本书版权登记号：图字 01-2012-5184

William J. Bernstein. The Intelligent Asset Allocator: How to Build Your Portfolio to Maximize Returns and Minimize Risk.

ISBN 0-07-136236-3

有效资产管理（典藏版）

出版发行：机械工业出版社（北京市西城区百万庄大街 22 号 邮政编码：100037）

责任编辑：贾 萌	责任校对：殷 虹
印 刷：北京瑞德印刷有限公司	版 次：2019 年 1 月第 1 版第 1 次印刷
开 本：170mm×230mm 1/16	印 张：16
书 号：ISBN 978-7-111-61152-3	定 价：59.00 元

凡购本书，如有缺页、倒页、脱页，由本社发行部调换

客服热线：（010）68995261 88361066　　投稿热线：（010）88379007

购书热线：（010）68326294 88379649 68995259　　读者信箱：hzjg@hzbook.com

| 译者序 |

中国股市发展至今已有近 30 年的历史，从初期的监管制度不完善到今天法律法规的规范，中国股市发展逐渐趋于成熟，人们的投资理念也在发生变化。2001 年之前的中国股市没有价值投资的概念，基本上都是消息层面的短线投资。之后，随着股改的完成、监管体制进一步加强与市场的完善，国外成熟的价值投资理论在中国证券市场得以应用。

“价值投资之父”格雷厄姆在早期的价值投资理论基础上发展了一套比较完整的现代价值投资理论框架，格雷厄姆称：“坚持合理的投资理念并得到很好的建议，个体投资者的业绩从长期来说会超过大型机构，对此我深信不疑。”股票市场每天的波动都是惊人的，这既是诱惑又是陷阱。诱惑产生了大量的投机者，然而格雷厄姆坦诚地告诫我们：“每个人都知道，在市场交易中，大多数人最后是赔钱的。”但同时市场的价值规律告诉我们：“短期经常无效但长期趋于有效。”所以“长期持有”是应对“市场波动”最简单又最实用的办法。价值投资是投资的核心思想。

本书作者威廉·伯恩斯坦秉承了格雷厄姆的价值投资理念，系统地阐述了价值投资在实际操作中的应用。本书从风险和收益的关系入手，论述了不同证券资产的历史收益及风险关系，由此引出投资组合的构建，以及如何根据市场价格变动对投资组合进行调整，作者指出市场时机选择和证券选择非常重要，但是资产配置及其调整是投资长期成功的关键性因素。书中还介绍了对冲操作或套期保值、国际资产组合以及外汇风险防范等问题。作者援引了大量翔实的历史数据对观点进行论证，内容具有很强的实践性及操作性。

作者采用娓娓道来、循序渐进的叙述方式，用通俗的语言，通过大量的数据论证了价值投资观点。本书不但适合从事投资研究的专业人士，也适合普通大众阅读。读者能从书中很好地把握作者证券投资的方法与技巧并付诸实践。

在本书的翻译过程中，译者自始至终都得到了机械工业出版社华章公司的大力支持与帮助。同时，在翻译的过程中，刘岭、赵玉焕、董梅、易瑾超为本书的翻译提出了许多宝贵的意见，在此一并表示感谢。

书中的一切精彩论述归功于作者本人，书中的疏忽和遗漏之处由译者负责。敬请读者批评指正。

王红夏　张皓晨

| 前言 |

1993 年 7 月 31 日，我在《华尔街日报》（“The Money Matters”系列）上看到一篇关于检验 1973 ～ 1992 年各类资产配置绩效表现的文章。这篇文章是以 T. Rowe Price 金融集团[⊖]的研究为基础而写成的。文章使用的研究方法极其简单：从美国大型公司股票和小型公司股票、外国股票和美国债券中选取各种各样的搭配来构建虚拟的投资组合，并计算它们的收益和风险。这篇文章指出在这 20 年的时间中各种固定比例搭配的上述资产的绩效表现均超过了同期单一资产的绩效（同时也超过了绝大多数专业的投资管理人），并且它们明显有着更低的风险。我对分析结果感到困惑。T. Rowe Price 金融集团慷慨地把它们用于计算的数据发给了我，我对此进行了分析。结果很令人惊讶：将 4 种资产以任何合理的比例进行搭配，其绩效表现几乎都超过了同期绝大多数专业的投

⊖ T. Rowe Price 金融集团具有 80 余年投资管理经验，为全世界的机构和个人投资者管理着上万亿美元的资产。该公司是被列入标准普尔 500 指数的上市公司，是全球领先的上市资产管理公司。——译者注

资管理人。

例如，一个美国大型公司股票、小型公司股票、外国股票和美国高品质债券各占 1/4 的“傻瓜组合”比单独的美国大型公司股票（以标准普尔 500 指数为代表）要有更高的收益和更低的风险，而标准普尔 500 指数又要比同期 75% 的专业投资管理人有更好的市场表现。

我深深痴迷于 T. Rowe Price 金融集团的数据，这里有一个简单的工具来弄清历史资产配置的绩效表现：收集各类资产以往的绩效数据，然后回过头来测量它们的收益和风险。让人失望的是，我找不到可以立刻完成这项工作的软件，我必须去建立自己的工作表格。我开始购买、寻求或者找人借各种资产的不同时期的数据，然后建立回溯到 1926 年的资产组合模型。

T. Rowe Price 金融集团和我自己的计算过程都包含了一个重要的内含假设，即投资组合要定期恢复平衡。恢复平衡很必要，因为组合中一些资产的绩效会好于其他资产，因而会改变最初各资产在组合中的比例。为了保持最原始的资产比例，一些绩优资产必须被卖出，然后用这些钱去买那些绩差资产。

大多数经验丰富的投资者都明白，成功的秘诀在于坚持以国内外股票和债券为主的广泛的资产配置策略。他们同样明白市场时机选择和股票或共同基金的挑选策略在长期是不可能实现的，它们会让人分心。换一种说法，去寻找外国股票、美国股票、外国债券和美国债券的比例要远比挑选所谓最好的股票和基金或者预测市场的高点和低谷重要得多。（之后我们将会看到，没有人能永远猜对市场的走势，也几乎没有人能永远选对股票和基金。）

如果以上的话让你觉得很难相信，请思考接下来的这些事情：1987年对美国股市来说不算个好年头。在那动荡不安的一年里，美国大型公司股票（以标准普尔500指数为代表）仅仅获得了5.23%的收益，而小型公司股票竟然亏损了9.3%。另一方面，外国股票获得了24.93%的收益。在那一年最笨的外国股票基金经理人都可以击败最具经验的小型公司股票选股人。1992年，情况颠倒过来，美国小型公司股票上涨了23.35%，但外国股票则亏损了11.85%。最后，1995～1998年那些最大的美国成长股获得了空前的收益，并几乎击败了其他所有资产。

如果这些还不足以使你信服的话，你看看下面的例子。在20世纪80年代末，加里·布林森（一位知名的投资管理人和金融分析师）和他的同事们发表了两篇关于82家大型养老金复杂的统计学研究。他们总结说基金收益中超过90%的部分都要归功于资产配置，而市场时机选择和股票与基金的选择技巧仅仅有着不到10%的功劳。换句话说，资产配置比市场时机选择和选股策略加起来还要重要10倍。近年来很多观察家提出90%这个数字太高了，可能资产配置的作用只占到投资收益的50%。这类观点完全没有抓住重点。市场时机选择和选股策略当然很重要，但问题是过去没有人能够长期使用这些方法取得成功，以后应该也不会有。资产配置是影响你投资的众多因素中唯一可以掌控的因素。

分析师在预测股价及推荐个股与基金上浪费大量笔墨和时间实在是令人诧异。事实上，当布林森先生1994年出现在路易斯·卢凯瑟的《一周华尔街》电视节目上时，他的评论大都关注于市场时机选择而几乎没有注意到资产配置策略。赌徒的本能深深扎根于人性深处，几乎没有人能抗拒对未知事件押注的诱惑。

那么，你究竟该怎样才能找到以最少风险获得最大收益的资产配置方法呢？答案是不可能。但也别灰心，因为其他人也不能，甚至连布林森先生，这位退休时掌控了比这个星球上任何人都多的资产的人，也对此无能为力。是的，你可以通过历史数据去研究哪些方法在过去行得通，但别把这个和哪些方法在将来行得通混为一谈。

稍后我们会回顾历史数据，并试图从中找出有用的关于投资组合的建议，但能学到的东西微乎其微。首先，股票比现金更有风险。其次，将来它们可能会比现金取得更大的收益，但收益肯定不像过去这么高，至少不会像近期这段时间那么高。再次，资产组合的分散化投资降低了风险。最后，尽可能指数化你的投资。

事实上，如果你懒得读完本书，仅仅是想要一个有用的投资组合方案，你可以参考以下建议：购买上面说过的由指数型基金构成的“傻瓜组合”——美国大型公司股票、小型公司股票、外国股票和短期美国债券基金各 1/4 的资产组合。指数型基金已经与电脑芯片和汽油一样商品化了，它们可以在最大型的基金公司和“基金超市”中买到。我强烈推荐先锋基金。在每年的年末你应该重新调平你账户中的资产配置来让 4 种资产重新达到相等的规模，这样就足够了。建立账户大约需要 15 分钟，年度账户调平大概也需要 15 分钟，这一年中剩下的时间你就可以把投资的事情统统忘掉。如果未来的 20 年和过去的 20 年一样，那你的投资组合将要完胜 75% 的专业投资管理人。

1996 年，我把这本书的第 1 版电子版放在了网上，并开始为我的网站——有效边界（Efficient Frontier，http://www.efficientfrontier.com）

定期写点东西。读者的反应超出了我的预想。小型投资者对资产配置和组合理论信息的饥渴程度让我非常高兴，但我完全没料到会收到专业投资人的回复。他们告诉我大家都知道资产配置有多重要，但对其具体细节（如果你要实践的话该遵循怎样的路线）目前还不清楚。网络的魔力让我可以与无数人来分享我对资产组合理论的迷恋——他们中一些是名人，但大多数都不是。随后我又发布了本书的两版电子版本。这些对原书的修订、网站上无数的信息以及有关投资和资产组合理论的许多讨论构成了本印刷版书籍的基础。

读者将会在本书中发现几处与之前电子版不同的地方。首先也是最重要的是，我对指数化的强调变得越发强烈了。我已经得出了一个结论，就是主动式资产组合管理就是骗人的把戏。尽管在某些领域，比如小型公司股票、房地产投资信托（REITs）和外国股票领域，主动式投资管理人似乎表现不错，但这些都是虚幻的表象。我删除了绝大部分阐述如何手工计算各种资产统计量的章节，因为电子表格和金融计算器已经使手工计算过时了。我认为手工计算可以帮助你更好地理解统计学概念，例如标准差，但如果你真想学到一些东西，你还是得在其他地方多下功夫。我也采用了一种新型算法来计算重新调平后的资产组合的收益，并因此开心地抛弃了我在前几版中一直沿用的电子表格最优化方法。

在过去的几年中，投资和电子商务相结合，为公众提供了大量眼花缭乱的投资工具和手段。不幸的是，绝大多数工具，例如基金超市、在线交易和大量的证券研究，都相当于为投资者上吊自杀提供绳子。但对于谨慎的投资者来说，收益还是很大的。互联网的爆炸式发展带来了太多有用的服务，也使每个人无论通过电脑、网络还是电话都可以接触到现代金融最前沿、最杰出的理论和思想。其次，更重要的是廉价的指数化投资工具的迅速繁殖。现在甚至连最小规模的投资者都可以像最大型的投资者一样高效而低成本地建立投资组合。

我尤其要感谢乔纳森·克莱门茨、罗伯特·巴克、弗兰克·阿姆斯特朗、约翰·莱肯法勒、大卫·威尔金森、史蒂夫·邓恩、斯科特·伯恩斯以及过去几年给我支持和建议的其他人。我将深切的谢意致予苏珊·沙林，感谢她在投资管理方面过人的技巧和教给我的那些无价的金融知识。最后，我最想感谢我的妻子珍妮，没有她的鼓励和在编辑方面的支持，本书无论如何都不可能完成。

威廉J.伯恩斯坦

于俄勒冈州北本德

| 导论 |

想象一下，你如果突然被送到一个从未去过的国家，当你正在寻找回家的路时，得知附近有一台崭新的、装备精良的、舒适且安全可靠的轿车。你拿到了车钥匙，并且得知驱车去几百英里外的一个机场，在那里有一架飞机等着接你回家。

你该怎么办？你会立即奔向轿车，开走它，并希望你可以幸运地找到通往目的地的道路吗？你犹豫了。你从一个乡巴佬变成了一辆奢华轿车的主人，本地居民一定会有所察觉。一些骗子聚在你身边想要给你提供建议，你会相信他们吗？

但愿你没有像上面说的那样做，而是去找最近的一家书店，买张详细的地图，并且规划出通往机场最快捷的路线，只有这样你才算是找对方向了。

大多数投资者发觉他们自己处在一种与此非常类似的情形中。很多人选择了最先看到的那条道路，大胆地开始他们的投资生涯（通常是把大量的资本投入一个接近或已经达到最高点的高风险市场）。他们很少会弄明白自己的方向在哪里，以及怎样到达终点。更多人知道他们迷路了，却把找到方向的希望寄托在陌生人（比如“财务专家”或者“理财规划师”）的仁慈和专家式的意见上。但通常，这些“专家”的兴趣与他们的客户是有很大区别的。

学会靠自己进行成功的投资，类似前面虚构的旅行者成功地从一个城市到达另一个城市。使用地图是一种简便的方法，接下来我会简单介绍。该路线将会按精确的顺序依次通过特定的地标，每个地标都会在各自的章节中描述。旅程有时是缓慢而且艰苦的，并且不存在捷径。本书不应该泛读，而应该一页页、一章章地井井有条地精读。

地图

（1）做一个深呼吸，用几周或几个月甚至更长的时间抛开手头所有工作，把所有时间用来完成以下步骤。你不用急着彻头彻尾地改变自己的资产配置，你可以用一生中余下的时间将事情打理有序，将时间用在学习和规划上是很值得的。

（2）理解金融市场中风险和收益的本质以及二者的基本关系。

（3）了解各种各样投资类型的风险和收益的特征。

（4）明白分散化投资组合整体的市场表现和组合中单个资产的表现有很大不同，就好比蛋糕的口味和起酥油、面粉、黄油以及糖的味道之间的不同。这叫作资产组合理论，它对你在未来取得成功至关重要。

（5）估算你能够承担多大的风险，然后学会怎样用资产组合理论去量身定做一个在该风险水平下能够取得最大收益的投资组合。

（6）现在你已经做好购买股票、债券和共同基金的准备了。如果你已经成功完成了上述任务，那这一步到目前为止是最简单的了。

在你的旅程中，本书会一章章地带你完成上述步骤，并将助你寻找到清晰有效的终身投资策略。

尚未对资本市场中的风险和收益以及资产组合理论有深入理解时，你的投资能成功吗？当然可以，而且很多人已经这样做了。没上过课就能学会游泳和开飞机也并非不可能，但我并不建议这样做。

怎样阅读本书

本书不是格里森姆[⊖]的小说，想要掌握本书中的内容是需要花一些工夫的。每一个章节都为下一个章节构建了基础，因此本书必须被一页页、一章章地阅读，不允许跳过某些章节。最理想的情形是，你在度假时带上本书，并在每天早上思路清晰的时候首先阅读本书。阅读一个小时左右就可以停下，等到第二天再继续阅读。

拥有较强的数字处理能力会对你的阅读有所帮助，但这不是必需的。一些关键的数学概念和技巧都在几个单独的“数学细节”中进行了详细描述。如果你没时间或者对数学不感兴趣，那这些“数学细节”你可以跳过不读。

本书最重要的是第 9 章“投资可以用到的资源”。投资需要终身学习，我期望本书可以激发人们的热情，推动他们在这个领域进行更深远的探索。

⊖ 约翰·格里森姆 (John Grisham，1955—)，美国知名畅销小说作家，作品多是以法律为题材的惊悚小说，其中多部小说被拍成电影。——译者注

| 目录 |

译者序
前言
导论

第 1 章 总论 / 1
标准差 / 7

第 2 章 风险和收益 / 12
个人资产类别：1926 ～ 1998 年 / 13
每个人的子孙都理应富有 / 21
1970 ～ 1998 年的资产分类 / 24
历史收益的问题 / 29

第 3 章 多元资产投资组合的市场表现 / 36
弗雷德叔叔提供的另一种选择 / 37
简单投资组合市场表现的建模分析 / 39
两种以上的完全不相关资产 / 44

第 4 章　真实世界中投资组合的市场表现　/ 50

研究复杂投资组合的市场表现：风险 - 收益图　/ 51
再次拜访弗雷德叔叔　/ 62
小型公司股票 VS 大型公司股票　/ 65
有效边界　/ 68
那些专家　/ 73

第 5 章　最优资产配置　/ 77

最优配置的计算　/ 79
更多的坏消息　/ 86
用小型公司股票进行国际化分散投资　/ 90
资产配置：三个步骤　/ 92

第 6 章　市场有效性　/ 102

从 α 人到猿人　/ 107
为什么基金经理们表现如此差劲　/ 109
案例分析：1 月效应　/ 112
指数化解决方案　/ 115
幸存者偏差　/ 123
你是否纳税　/ 124
投资简报　/ 126
与市场先生的较量　/ 128
不完全的随机游走　/ 130
这一切意味着什么　/ 132
阴阳　/ 133

第 7 章 那些零碎的话题 / 135

价值投资 / 136

在新世纪投资 / 152

新的范式：道琼斯指数 36 000 点 / 156

套期保值：货币效应对外国股票持有人的影响 / 162

动态资产配置 / 167

行为金融学 / 170

第 8 章 执行你的资产配置策略 / 175

选择你的资产配置 / 176

纳税筹划 / 178

指数化：先锋基金和 DFA 基金 / 179

债券 / 186

国债阶梯 / 187

确定资产的精确配置 / 188

执行你的计划 / 190

一劳永逸的基金 / 199

退休：最大的风险 / 203

哈利表弟来征求你的意见 / 213

第 9 章 投资可以用到的资源 / 216

推荐书单 / 217

对资产配置者有用的网站 / 222

附录 A 做你自己的投资组合分析师 / 224

附录 B 资产间的相关系数 / 227

术语表 / 231

参考文献 / 238

| 第 1 章 |

总　论

想象一下你正在为你富有但性格古怪的弗雷德叔叔打工。他是一个认真善良的雇主，当你在他的公司工作多年后，他决定让你加入公司的养老金计划。你现在 30 岁了，将要为叔叔工作 35 年直至 65 岁退休。每年他都会为你的退休金账户支付 5000 美元，你有两种投资方案可供选择，需要提前做出决定。

选择一：3% 年利率的银行存款单。

选择二：一个非常奇怪的选择——在每年年末，弗雷德叔叔会投掷一枚硬币。如果正面朝上，这一年你将会获得 30% 的投资收益；如果是背面，你将会损失 10%。这个选择被称为"弗雷德叔叔的硬币投掷"，或者更简单地被称为"硬币投掷"。

第一个选择给了你固定的收益，事实上 35 年之后，这是绝对确定的一笔收入。如果你能熟练使用金融计算器，几秒钟后就能算出这个选择将会带给你 302 310 美元的收入来供你安度晚年。你会发现通货膨胀将会使你这一大笔钱的未来价值缩水，事实上，如果通货膨胀率是 3%，在当前的购买力下你就只剩下 107 436 美元。

第二个选择起初会使你迷惑不解。你辛苦挣得的退休金随着一枚硬币的掷出瞬间减少 10%，这实在让人难以接受。如果你一连好多年都亏损该怎么办？如果35年中每年硬币都是背面朝上，你的退休金就只剩下一丁点儿了。相反，如果35年中硬币都正面朝上，那你的所得将会使可怜的弗雷德叔叔破产——他将欠你162 000 000美元！

让我们再仔细地看看第二个选择。在一个足够长的时间中，你将会精确地获得硬币的一半正面和一半背面。如果你改变一下这些正面和背面出现的次序，那么你每两年的收益都可以表示为：

$$1.3 \times 0.9 = 1.17$$

第一年30%的收益使你账户里的资金数额乘以1.3，但10%的亏损则让你的资产乘以0.9。你在两年前所拥有的每1美元到现在都变成了1.17美元。

你又一次拿出了计算器，通过计算你发现每两年17%的收益等同于每年8.17%的收益，这明显要比第一个选择中每年3%的收益要高。当然，你可能会遇到一连串的衰运让你得到的硬币背面比正面多，但当你用计算器进行一些试算后，你会发现要想获得第一个选择的收益，需要得到最多12个正面和最少23个背面，这种倒霉的事情发生的概率实在太低。你拜访了大学时的统计学教授，他责怪你忘记了本可以用一种叫作“二项分布函数”的方法来算出任何掷硬币组合的概率。你茫然的表情让他无奈地叹息，他转向电脑，打开了电子表格软件。在敲了几下键盘后，他递给你如图1-1所示的图表。掷出少于13次正面因此收益低于选择一的概率有多大？答案是小于5%。这有点过于简单了，投掷硬币得到正反面的次序对结果也有很大影响。如果你连续掷出16次正面，紧接着掷出19次反面，那你将仍旧落后于第一个选择；但如果你连续掷出 27 次背面，随后却掷出 8 次正面，事实上你将获得超越第一个选择的收益。然而，这些例子都是不太可能发生的极端情况，之前的叙述和图 1-1 才是对你获益情况的精确表述。

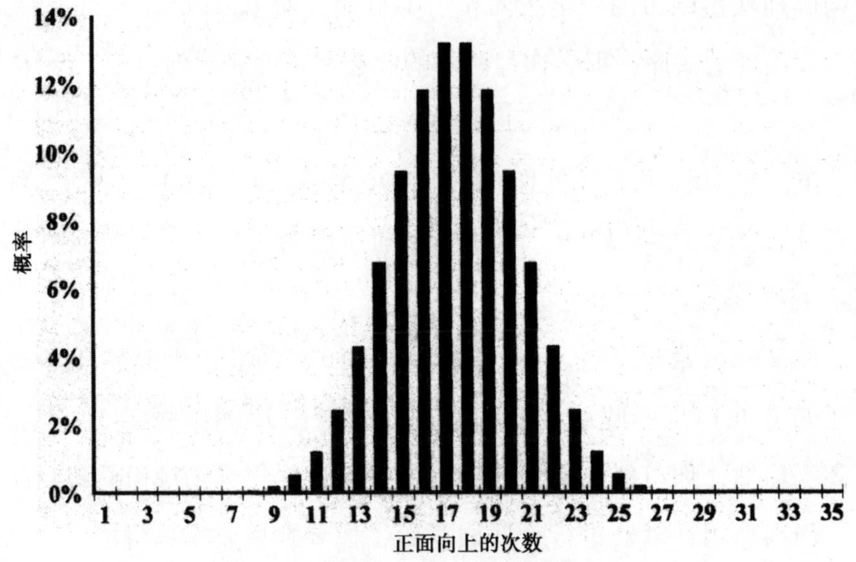

图 1-1　弗雷德叔叔投掷硬币的概率分布

投掷硬币这个例子也引入了关于资产的平均收益率和年化收益率两者区别的问题。你们中的一些人可能会疑惑为什么投硬币的收益不是 10% 而是 8.17%，因为 +30% 和 −10% 的平均数是 +10%（30 减 10 再除以 2）。平均收益率是每一年收益率的简单平均。年化收益率则是一个更微妙的概念，它是你每年必须保持的不变收益率，使你能获得与实际上每年都不同的年收益率相同的最终收益。如果你的股票在第一年年中翻了一倍却在第二年年中缩水了一半，那你的年化收益率是零。如果这只股票最初每股价值 10 美元，那在第一年年末它将是每股 20 美元，在第二年年末又重新变为每股 10 美元。你没有从中赚到钱，但平均收益率却是 25%（+100% 和 −50% 的平均数），而你的年化收益率是零。年化收益率和平均收益率很明显是不同的，投硬币的平均收益率是 10% 但年化收益率是 8.17%，年化收益率总是比平均收益率要低。如果在硬币投掷中你获得了一半亏损 10% 一半获利 30%，这将等同于每年 8.17% 的收益率。现实生活中按年化收益率而不是平均收益率来付账，这就是年化收益率如此重要的原因。

弗雷德叔叔的硬币投掷可能是最奇怪的情景了，但它和大多数投资者所面临的选择是一样的，即在“安全的”货币市场账户和财政部债券以及“赌博性质的”普通股中进行选择。第二个选择提供了几乎确定无疑的更高回报，但这同样需要付出代价：存在很小的亏损概率，更重要的是每年都要经历令人痛苦的弗雷德叔叔的投掷硬币环节。但 3% 的银行存款单的选择才是最让人恐惧的——你将注定贫穷地度过你的老年。

我之所以会构造弗雷德叔叔掷硬币的例子是经过深思熟虑的——这个例子很容易理解，并且与普通股的风险和收益十分类似。普通股在过去的 73 年（1926 ～ 1998 年）中的收益率是 11.22%，这与掷硬币的例子在同一个水平上。更重要的是，掷硬币和普通股的“风险”是基本相同的。我将简要解释一下怎样度量这种风险。掷硬币的例子是对普通股的风险和收益的形象表现，它同时也为理解包含多种资产类型的投资组合表现提供了一种强有力的方法。

你刚刚了解到了投资的基本法则之一：从长期来看你将会为承担风险而得到补偿。相反，如果你追求安稳，那你的收益将会比较低。有经验的投资者明白回报和风险是不可避免地缠绕在一起的。辨别欺诈性投资最可靠的方法就是看对方有没有承诺能够以低风险带来高收益。

让我们来看一个比掷硬币稍微复杂一点的投资收益问题。比如说你投资了资产 A（不用管它是什么）。以下是该资产连续 8 年的收益率：

- 第 1 年：20%
- 第 2 年：0
- 第 3 年：10%
- 第 4 年：-10%
- 第 5 年：30%
- 第 6 年：15%
- 第 7 年：10%
- 第 8 年：5%

你在资产 A 上的收益是多少？第一年你的收益是 20%，因此将你的资产价值乘以 1.2。第二年乘以 1.0。第三年乘以 1.3，第四年当亏损 10% 时，乘以 0.9。因此，在整整 8 年过后你的资产最终价值是这样计算的：

$$1.2 \times 1.0 \times 1.1 \times 0.9 \times 1.3 \times 1.15 \times 1.1 \times 1.05 = 2.051$$

在这个例子中，如果资产 A 最初值 10 美元，那么它现在的价值就是最初价值的2.051倍，即20.51美元。8年间的总收益是105.1%。（别被这个数字搞糊涂了，要知道50%的收益相当于把你的资产价值乘以1.5，100%的收益意味着把你的资产价值乘以2。）平均收益仅仅是对8个年度收益求平均数，即10%。然而，我们知道真正有用的是年化收益率（即要达到相同结果所要求的每年不变的收益率）。该怎样计算它呢？如果你会用电子表格的话那就是小菜一碟了——所有的电子表格软件都包含大量的金融计算功能。如果你不会用电子表格，那最简单的方法就是使用金融计算器。如果你没有的话，你应该去买一台。比如德州仪器BA-35，或者它的同类品，几乎可以在任何一家药店或是日用品店中找到，价格大约是20美元。我强烈建议你学会使用这种计算器或是其同类产品上的年金计算功能——你将会发现它在规划你的退休生活、计算贷款偿付额等方面是不可或缺的。这种计算器还有一个统计学函数，它可以让你迅速计算出一系列投资收益中所包含的投资风险。把上面那些数字代入计算器的年金函数，我们发现上面例子的年化收益率是9.397%。这个结果比平均收益率10%要略低，不用惊讶，因为年化收益率总是要比平均收益率低。

标准差

我们现在已经准备好计算资产A的风险了。实现方法是计算**标准差**（standard deviation，SD），即一系列数据的离散程度。标准差可以手工算出，但过程冗长乏味，通常我们也是用电子表格或金融计算器来计算。在上面 8 个收益率的例子中，标准差是 11.46%。

标准差可以用来干什么呢？首先，你要熟知这是一种度量风险的工具。各类资产年化收益率的标准差通常如下：

- 货币市场（现金）：2% ～ 3%
- 短期债券：3% ～ 5%
- 长期债券：6% ～ 8%
- 国内股票（保守型）：10% ～ 14%
- 国内股票（激进型）：15% ～ 25%
- 外国股票：15% ～ 25%
- 新兴市场股票：25% ～ 35%

几乎所有的共同基金评级机构都把标准差列在它们的报告中。晨星公司（Morningstar）是一家编制和分析共同基金数据的公司，它列出了过去 3 年、5 年和 10 年的年化收益率的标准差。有时候你只能得到一两年的收益率，这时年化收益率的标准差可以用季度收益的标准差乘以 2 或者月度收益的标准差乘以 3.46 来估算。任何时候，当推销员或经纪人试图销售给你无论何种证券时，你都要问他该证券年化收益率的标准差是多少（如果这是新发行的证券，就问他估算是多少）。如果他不知道，那根本就别去考虑购买。如果你的经纪人不熟悉标准差这个概念，那就换一个经纪人。

标准差的值到底意味着什么呢？它意味着在 2/3 的时间中，资产的年化收益率会围绕着均值上下一个标准差波动。在资产 A 的例子中这意味着在2/3的时间中收益率会围绕着 −1.46%（10%减去11.46%）和21.46%（10%加上11.46%）波动。图1-2画出了资产A的“下行部分”。这意味着有1/6的概率损失会大于1.46%，有1/44的概率损失会大于12.92%（低于均值两个标准差），有1/740的概率损失会大于24.38%（低于均值三个标准差）。来看一个更简单的例子，假设你正在考虑投资一个拥有15%的期望收益和很高的35%的标准差的拉丁美洲股票基金，你要预期到6年一遇的大于20%的亏损、44年一遇的大于55%的亏损和740年一遇的大于90%的亏损。我十分怀疑最近这些年的基金推销员和经纪人在兜售他们的基金时是否向其客户传达了这些信息。事实上，市场被过分炒高的一个危险信号就是投资者对市场风险的普遍低估。

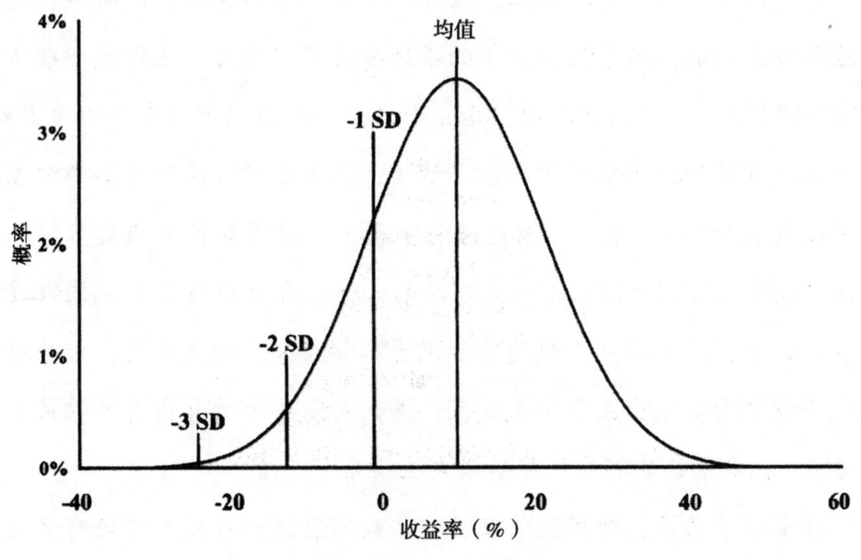

图1-2　资产A的收益分布

如果到此你已经消化了本章的所有内容，那你一定很用功，或者你对数字很有天赋（再或者你曾经上过统计学课程）。今天剩下的时间就好好放松吧，坐在游泳池边，喝一杯玛格丽特鸡尾酒，这些是你应得的。当你回来时，我们就要开始讨论真实的资产了。

数学细节

其他的风险度量方法

有深厚数学背景的人会明白用标准差度量风险的局限性。例如，在真实的投资世界中，收益并不服从经典的“正态分布”，而更近似于对数正态分布。此外，还存在着对均值一定程度的不对称（偏度），以及极端范围会较高频次地出现（峰度）。对使用标准差度量风险最强烈的批评就是它对收益率围绕均值上下波动给予了相等的概率，然而对任何风险度量方法来说，只有均值以下的事件才有研究意义。这促使一些学者和实践者提出了“半方差”的概念，即发生在均值以下的事件的均方差，以此作为更实际的风险度量方法。然而，在实践中计算方差和半方差得到的结果非常相似，方差 / 标准差仍旧是一种度量风险的极好方法。事实上，简单的方差 / 标准差有着额外的优势，即可以给你两次捕捉过度波动的机会。在最近臭名昭著的长期资本管理公司的案例中，该公司直到破产前夕才表现出显著为负的半方差，而简单地计算出月度收益的普通方差 / 标准差就能够在严重后果发生前给予警告。

在金融学术界，对风险的度量方法数不胜数。其他方法还有名义损失概率、经过通胀调整后的损失、损失标准差，以及表现逊于给定指数

(例如标准普尔500指数或国债收益率）的概率。一种被很多人喜爱的方法是计算你的投资表现逊于某种无风险资产（通常是国债收益率）的概率，这用一种叫作“标准正态累积分布函数”的公式可以轻松计算出来。这个函数和我们之前假想的统计学教授所用到的二项分布函数很相似。

你可以轻松地构造你自己的风险度量方法，这种个人构造的度量风险和收益的方法被称作“效用函数”。

| 第2章 |

风险和收益

个人资产类别：1926 ～ 1998 年

你应该已经对收益和风险的统计学意义有所理解了，现在准备去处理各种不同资产的长期历史数据。按理说，你在购买一辆汽车或一台冰箱之前一定会在对应的刊物比如《消费者报告》（*Consumer Reports*）上查看它的性能和返修记录。类似地，你也一定会在对一项投资的收益（性能）和风险（返修记录）有充分认识之后，才会将一定比例的可支配收入投入该项投资。幸运的是，在你面前有一大堆便宜且触手可及的有用数据等着你利用。需要多久才能对某类资产的长期收益和风险有充分认识？答案众说纷纭，但共识是至少需要 20 ～ 30 年的数据才能充分理解该类资产的期望收益，而通过查阅 5 ～ 10 年的月度数据你就可以清楚地了解资产的风险。

如果我们研究的是美国的证券那就太幸运了。关于普通股和政府债券的可用数据一直可以追溯到美国建立之初，非常详细的数据最早可追溯到 1926 年。投资世界中最物超所值的是伊博森公司的专著《股票、债券、票据与通货膨胀》（在投资世界中以缩写“the SBBI”被熟知）。它包含了短到 1 个月长到数十年的大量美国资产的收益、风险和相关性的所有可能分类。我们将要考察 5 种资产：美国大公司股票和小公司股票，以及为期 30 天、5 年和 20 年的政府证券。表 2-1 总结了一些很有必要掌握的关于这些股票和债券的信息——算出并记住这 5 种资产近似的收益率和标准差是个不错的主意。

表 2-1　1926 ～ 1998 年的资产类别

资产	年化收益率，1926 ～ 1998 年（%）	标准差，1926 ～ 1998 年（%）	最差年份的收益率，1926 ～ 1998 年（%）	1929 ～ 1932 年的收益率（%）
30 天期国库券	3.77	3.22	0.00	+9.49
5 年期国库票据	5.31	5.71	−5.13	+20.27
20 年期国债	5.34	9.21	−9.19	+19.73
大型公司股票	11.22	20.26	−43.35	−64.23
小型公司股票	12.18	38.09	−59.12	−87.98

让我们分别来回顾这些资产。你应该看看后面每种资产各自的图表，其中政府证券所使用的术语令人迷惑不解。期限少于 1 年的政府证券叫作**国库券**（Treasury bill，T-bill）。期限为 1 ～ 10 年的政府证券叫作**国库票据**（Treasury note），期限在 10 年以上的叫**国债**（Treasury bond）。

国库券　国库券（见图 2-1）是世界上最安全的投资品。尽管美国偶尔会通过印钞来还债，但除非整个国家毁灭，否则国库券绝对不可能违约。为这种安全性所付出的代价是高昂的：其收益率只有 3.77%，仅仅略高于 1926 ～ 1998 年 3.08% 的通胀率。此外，尽管很多学术界人士认为国库券是“无风险的”，但看一眼国库券的收益图就能发现收益率的变化是相当大的，这就意味着你无法依赖其获得稳定的现金流。这种风险可以用 3.22% 的标准差来恰当地表现。对国库券表现的最好说辞是它在长期能追得上通胀的脚步，尽管在很长一段时间中并非如此，例如 20 世纪 70 年代。

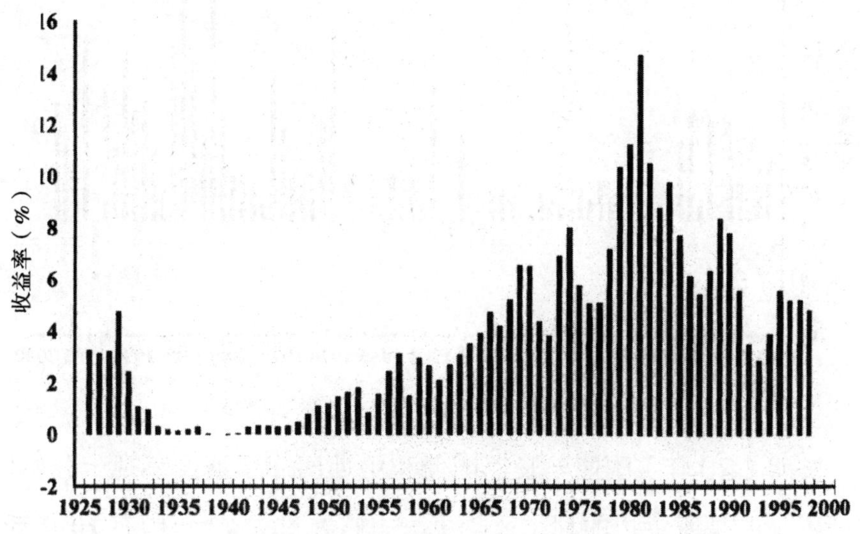

图 2-1 国库券收益，1926 ~ 1998 年

中期（5 年）国库票据 同国库券一样，中期（5 年）国库票据（见图 2-2）也对本金和利息给予近乎绝对的保护以防止违约，但仍存在一个风险，即利率上升的风险。当利率上升时，支付固定息票的票据或债券的市场价值将会降低，并且越迟到期的票据或债券的市场价值降低幅度会越大。对一份 5 年期的票据或债券，本金市场价值的亏损将会超过它的息票，导致总收益为负。这种情况在过去的 73 年中已经出现了 7 次，最坏的一次是在 1994 年（当时收益率为 2.65%）。作为承受风险的补偿，你将获得额外 1.5% 的长期收益。在长期，实际收益率（经通胀调整后的）大概是 2%。

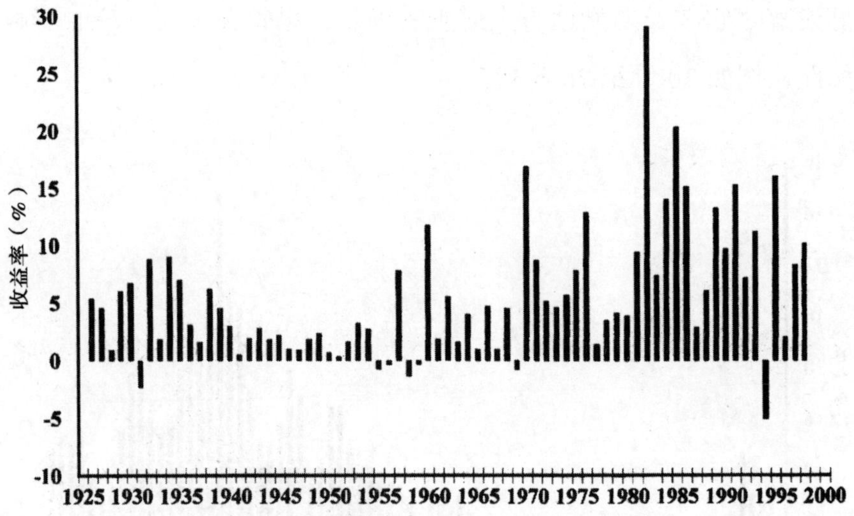

图 2-2　5 年期国库票据收益，1926 ～ 1998 年

长期（20 年）国债　长期国债和中期国库票据的表现十分相似，唯一不同的是所承担的利率风险更大。它在过去 73 年中有 20 年都出现了亏损，有一年损失几乎达到 10%，还有很多年损失超过了 5%（见图 2-3）。值得惊讶的是，你似乎不能因承担风险而获得补偿，国债的收益和 5 年期的国库票据几乎是一样的。

为什么经验老到的投资者在原本可以选择收益率相同、风险较低的中期债券时，却选择了投资于长期债券呢？答案是长期债券的“超额风险”可以通过构造适当的资产组合来消除，我们将在接下来的几章中对此进行探讨。通过分散化投资而消除掉的风险叫作非系统风险，剩余不能被分散的风险叫作系统性风险。长期国债（以及其他长期债券）的收益率之所以这么低，还有一个原因：它们是保险公司最喜爱的投资品，保险公司可以用长期债券精确地冲销其需要定期支付的长期债务。

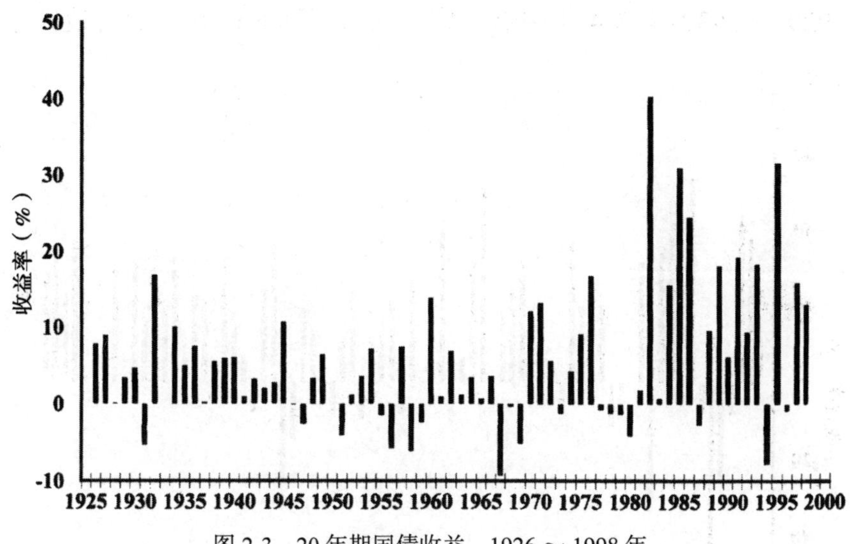

图 2-3 20 年期国债收益，1926 ～ 1998 年

大型公司股票 在过去的 73 年中，这类资产包括各种类型的大型公司或“指数”。最近的典型就是众所周知的标准普尔 500 指数。读者可能会对这一类别的多种表述方法有疑问，比如“大盘股”“标准普尔指数”或“标准普尔 500 指数”。在本书中，这些名词都是可以互相替代的。

这类资产的回报是相当大的：实际收益率超过 8%（见图 2-4）。普通股的诱惑是无法否认的——经通胀调整后，你的财富每 9 年就会翻一番。给你刚出生的孩子留 1 万美元，按当前购买力计算，50 年后他将拥有 47 万美元可以供你的孙子接受大学教育。当然，天下没有免费的午餐，为此收益而承担的风险可能会让你难以承受。大型公司股票的标准差是 20.26%。(这与弗雷德叔叔掷硬币的例子相似——该例中标准差是 20%。）在糟糕的年份你可能会亏掉 40%，而在 1929 ～ 1932 年这 4 年中这个资产组合经通胀调整后的价值几乎下降了 2/3！

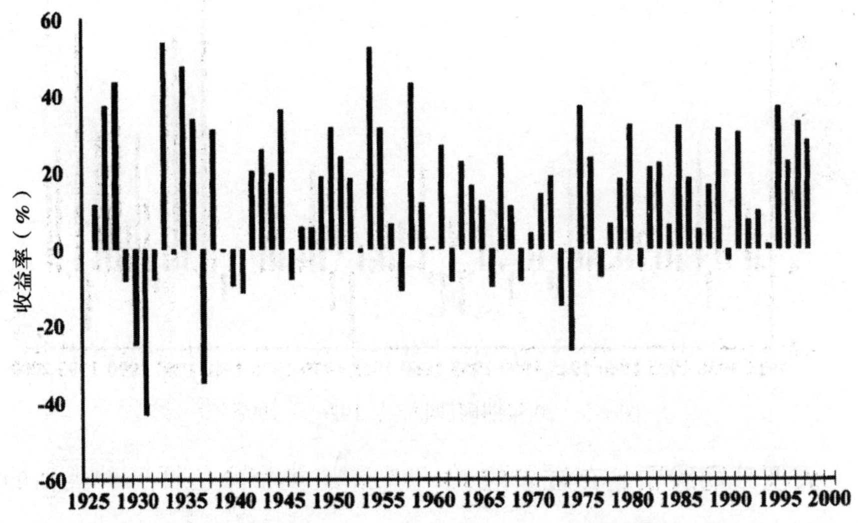

图 2-4 大型公司股票收益，1926 ～ 1998 年

小型公司股票 公司的流通股总价值（也称“市值”）排在纽约证券交易所上市公司中倒数 20% 的公司股票被称作小型公司股票。（在当今时代大部分这类股票事实上都是在场外交易的。）在这里收益和风险是很大的（见图 2-5）。现在你的实际收益率要大于 9%，这意味着你的财富在经通胀调整后仅需 8 年就可以翻一番。为你的子孙留 1 万美元，50 年后按当前购买力计算你将拥有 785 000 美元。但风险也不小：在 1929 ～ 1932 年这类投资品的亏损超过了 85%！

图 2-6 和图 2-7 显示了长期持有美国大型公司股票的结果。图 2-6 反映了大型公司股票 5 年持有期的滚动收益率，除了大萧条时期外，

结果似乎不是那么恐怖——只有很少的年份出现了亏损。图 2-7 中的 30 年持有期的收益率就比较平稳了，没有任何一个 30 年持有期的收益率低于 8%！这张图传递的信息很清楚：股票适合长期持有。不用过于担心市场的短期波动，在长期，股票几乎总是比债券拥有更高的收益率。

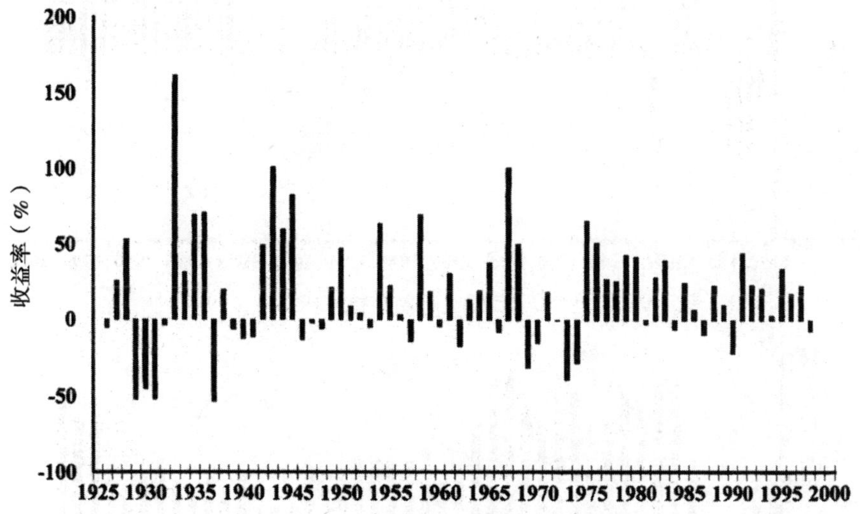

图 2-5 小型公司股票收益，1926 ～ 1998 年

这个问题也可以从理论角度进行分析。运用一些简单的统计学方法，你可以计算出股票收益劣于“无风险”国库券收益的风险。这种方法假设普通股的收益率为 10%、标准差是 20%，国库券的收益率是 3%。在任何 1 年的持有期，股票表现差于国库券的概率是 36%；对于 5 年的持有期，概率是 22%；对 10 年的持有期是 13%；对 20 年的持有期是 6%；对 30 年的持有期是 3%；对 40 年的持有期，概率只有 1%。这个例子传递了相同的信息：股票的持有期越长，亏损的风险就

越低。

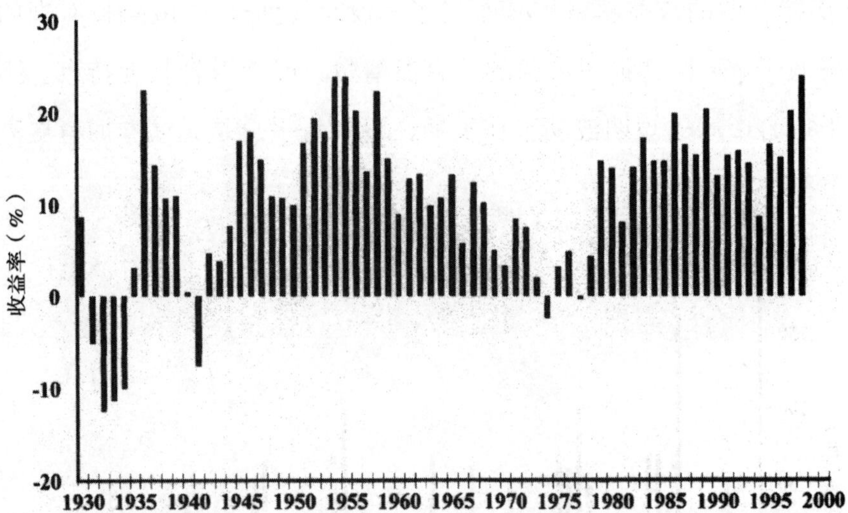

图 2-6　大型公司股票 5 年期收益，1926 ～ 1998 年

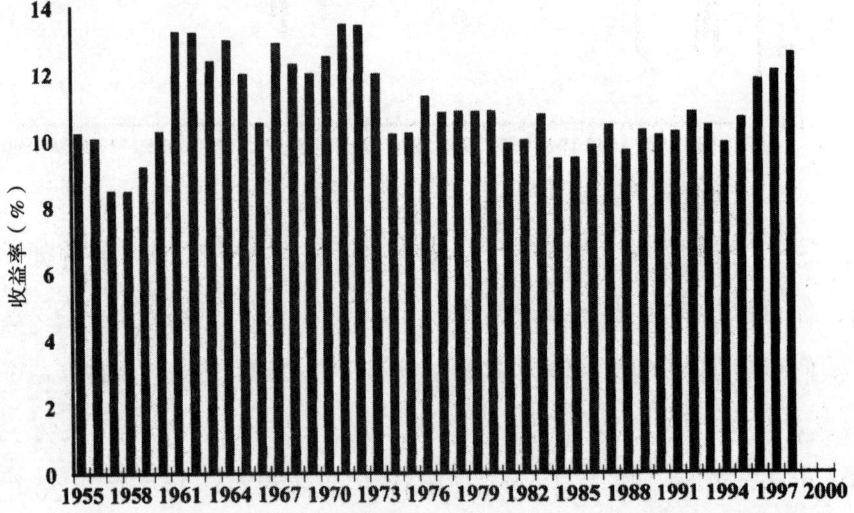

图 2-7　大型公司股票 30 年期收益，1926 ～ 1998 年

到这里就该小心了。一些人对上面数据的解读是股票的风险随着

时间的增长而递减，这并不完全正确。看看图 2-7，30 年持有期最高和最低的收益率之差几乎达到 5%。将 5% 的收益差叠加到 30 年中会使最终的财富产生 4 倍的差距。图 2-8 展示了 1926 年以来 1 美元投资 30 年所得到的极为不同的财富价值。这张图表明，当你用最终财富价值的标准差来度量风险时，股票的风险通常会随时间而增加。这并非无关紧要的或理论上的区别。可能对于风险最好的定义就是赔光钱的可能性。想清楚哪种风险度量方法最能匹配你的需求和理解能力至关重要。

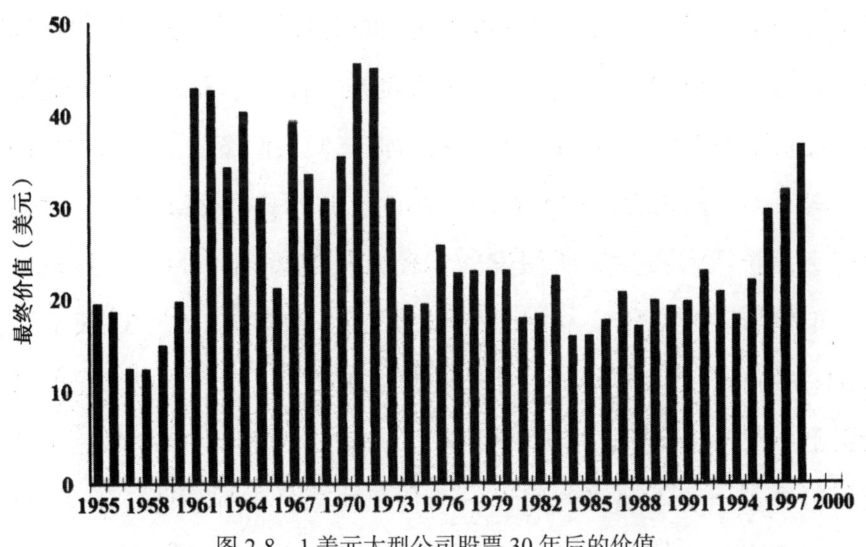

图 2-8　1 美元大型公司股票 30 年后的价值

每个人的子孙都理应富有

在 1929 年宁静的初夏，通用汽车公司的高级财务经理约翰 J. 拉斯科布接受了《妇女之家》杂志的采访。这位金融精英的一段话形象生动地反映了20世纪20年代的金融思潮：

假设一个人23岁结婚并开始进行每月15美元的储蓄计划——几乎所有拥有工作的人都能做到。如果他投资于优质的股票并允许股利和股权进行累积，那么在20年后他将至少拥有80 000美元，即每月400美元的投资收益。他变得富有了。由于任何人都可以这样做，我确信所有人都会变得富有且理应变得富有。

拉斯科布先生所假设的年轻人一定是个投资天才——在20年内把每月的15美元变成总共80 000美元需要有每年超过25%的年化收益率。这个采访和他所推崇的投资案例被当作一个荒诞的例子流传至今，反映了1929年大萧条前夕的股市泡沫使人们产生的传染性情绪。

然而，长期来看，拉斯科布先生的话并不是那么离谱。让我们想象一下，拉斯科布先生所假设的年轻人从1926年1月1日开始每月投资15美元在股票上，并一直持续投资到1994年12月31日直到他以91岁的高龄辞世，届时他将会积累2 462 295美元的财富。倘若他投资于小型公司股票，那他将拥有11 730 165美元。很明显这个计算过程包含了一些不现实的假设：本金和利息从来都不花，不用交税，股票交易不用支付佣金。也许我们的估算结果要除以2或3，但这个长期结果还是激动人心的。乐观主义者可能会认为这就是“复利的神奇之处”，产生的结果真是太惊人了。悲观主义者会认为这个勤勉的储蓄者直到老死都没有享受到他的财富。即使他每年只消费掉储蓄的很小一部分，他的资产都将会大幅缩水。就我而言，我更愿做一个26

岁的年轻人，散步在巴黎的大街上，纵使口袋里只有几个法郎，也要好过做一个富有的老头。谁都不可能变得富有，但他们的子孙却可能实现发财梦。

我建议你花一些时间去仔细研读图 2-1 ～图 2-8，这样你就会对债券和股票所蕴含风险的大小有深刻理解。下一个 73 年很可能也会像前一个那样充满崎岖。

在全盛的牛市时期，个人投资者不可避免地会被股市所吸引；朋友和邻居毫不费力地快速赚取利润的情景唤醒了一些人本能中的那股强大力量。那些满怀热情头一次冲进股市的人往往缺乏对高收益所伴随的高风险的正确理解；他们在专家的哄骗中获取自信，妄想他们可以随时准备好退出并能够在熊市到来之前卖掉手中的股票。在承担了那些不可避免的损失后，他们又会受挫于更强大的人类的理财本能，即在心理上急于和自己的“失败”撇清关系，因此他们通常会选择在股价最低点处以极大的损失卖掉股票。一个简单的事实是，即使是对市场风险极为谨慎的投资者，无论其经验是否丰富，有时都不可避免地会遭遇惨痛的损失。所有的投资者，无论是新手还是老手，都会从约翰·梅纳德·凯恩斯的话中获益匪浅：

> 我并不认为以很低的价格卖出股票是对之前没有在高价时售出的补救措施……我并不觉得在市场探底时拥有一只股票是一种羞耻。我认为重要的机构投资者或其他投资者在市场下挫时总想着斩仓和逃离，或者因为股票在自己手上贬值而自责，这些不是经营能力的问题，而是责任心的问题。我会考虑得更长远，我认为能够以平和的心态去接受自己

资产的贬值并且不因此而自责，不论任何时候都是一个真正的投资者所应有的责任。投资者应该主要关注长期的结果，并仅应该据此做出投资决策。持有随市场普遍下跌而贬值的股票根本不算什么，不用为此自责。

幸运的是，有多种方法可以降低单一资产最初的风险，甚至有时在你的投资组合中加入少量高风险资产反而能够降低其波动性。

1970 ～ 1998 年的资产分类

之前讨论过的 1926 ～ 1998 年美国资产的数据对美国股票和债券的预期长期收益给予了可靠的估计。事实上，这些资产的长期收益和风险最早可以追溯到 200 年以前，并且经通胀调整后的收益率和标准差与 1926 ～ 1928 年的数据十分相似，虽然数据的翔实程度和准确性都会大打折扣。⊖

遗憾的是，1926 ～ 1998 年的数据仅限于美国股票和高品质债券，因此对处于更加多样化的资本市场中的现代投资者来说品种过于有限。在尽可能多的投资类别中进行广泛分散化投资的策略具有很大优势。所有投资者无论大小都需要精确估算每一份投资的风险和收益。我选择了 1970 年作为这个扩展数据库的时间起点，因为众多资产的

⊖ 杰里米·西格尔的著作《股市长线法宝》给出了关于这 200 年来美国股票收益的极好的研究，该书中文版已由机械工业出版社出版。——译者注

高品质数据是从这一年开始记录的，而且 1970 年是投资史上的重要分水岭。1973 ～ 1974 年的熊市是全球资本市场在大萧条后所经历的最差时期，把这两年中每一类资产的表现都包括进来以作为对它们风险的提示是很有意义的。把这样可怕的熊市涵盖进数据库为我们认清现实提供了一剂治病良药。这个数据库还有一个更大的优势——它的数据完全可以通过多种多样的渠道来获得，比如缴纳一些微不足道的费用就可以使用的晨星公司数据库（更多细节请见第 9 章）。表 2-2 对这些资产的收益率和标准差进行了总结。

表 2-2 1970 ～ 1998 年间的资产表现

资产	收益率（%）	风险（标准差）(%)	最差年份的收益率（%）	1973 ～ 1974 年的收益率（%）
国库券	6.76	2.61	+3.00	+15.48
5 年期国库票据	9.03	6.62	−3.58	+10.56
20 年期国债	9.66	11.58	−7.78	+3.20
标准普尔股票	13.47	15.94	−26.47	−37.25
房地产投资信托	13①	17①	−21.40	−33.58
美国小型公司股票	13.62	22.58	−38.90	−56.44
欧洲股票	13.63	20.30	−22.77	−28.74
环太平洋股票	9.69	31.23	−50.59	−54.80
日本股票	12.61	33.49	−36.18	−27.65
贵金属股票	10①	43①	−41.51	+112.83
国际小型公司股票	16.98	31.22	−28.61	−38.38

①为作者最好的估计（见文中的解释）。

资料来源：伊博森公司、NAREIT、摩根士丹利资本国际指数、空间基金管理公司。

你已经见过了 1926 ～ 1998 年的国库券、5 年期国库票据、20 年期国债、标准普尔股票和美国小型公司股票的数据。房地产投资信托

（REITs）是一类通过经营和管理商业不动产来获利的公司。我在数据库中剔除了那些主要通过住房抵押贷款获利的 REITs，只加入了权益型 REITs。发源于摩根士丹利资本国际指数（MSCI）的欧洲股票、环太平洋股票和日本股票指数都代表了各自地区最大盘的股票。贵金属股票代表了黄金和白银的采掘业。最后，国际小型公司股票是美国小型公司股票的外国等价物。这个指数由空间基金管理公司（DFA）拥有，建议投资者谨慎使用，因为在 1988 年之前它的数据只涵盖两个国家：英国和日本。

人们很容易就能发现 1970 ～ 1998 年的收益率要高于 1926 ～ 1998 年（在三种债券方面高出 4%，在小型公司股票方面高出 1.5%，在大型公司股票方面高出 2.5%）。然而，1970 ～ 1998 年的年化通胀率是 5.23%，而 1926 ～ 1998 年的年化通胀率是 3.1%，因此两个时间段中大型公司股票的实际收益率几乎相同，前者的小型公司股票收益率低于后者，前者的各种债券的收益率高于后者。将这两个时间段进行对比后会发现 1929 ～ 1932 年熊市似乎要比 1973 ～ 1974 年的市场恶劣得多，但这又是一个巨大的幻觉，因为 1929 ～ 1932 年熊市的特点是严重的通货紧缩，而 1973 ～ 1974 年则发生了严重的通货膨胀。扣除物价因素，1929 ～ 1932 年的市场在大型公司股票的表现上只是略差于 1973 ～ 1974 年。

正如 1926 ～ 1998 年的数据一样，1970 ～ 1998 年的风险和收益呈现了很好的相关性，但有两个显著的例外——贵金属股票和环太平洋股票，二者的收益无法和风险相匹配。要知道 REITs 和贵金属股票的收益数据是不容易获得的，为了估算贵金属股票的长期收益率，我使用了晨星公司最早可追溯到 1976 年的共同基金客观数据。对于 1970 ～ 1975 年，我使用了一个“替代品”共同基金——凡·埃克黄金基金。对于 REITs，我使用了美国房地产投资信托协会（NAREIT）的数据，但仅可追溯到 1971 年。REITs 领域的构成在过去的 5 年中发生了戏剧性的变化，NAREIT 的历史收益率数据可能不再适用于当前了。因此，REITs 和贵金属的长期收益率数据太值得怀疑，不应该被用来进行财务规划。然而，尽管这两种资产的收益率很低，很多投资者还是愿意持有它们。主要原因是他们认为这样可以很好地对冲通胀风险，而持有其他股票和债券在通胀环境下则会受到负面影响。这等同于说贵金属和 REITs 的风险可以通过分散化投资而消除。第 3 章和第 4 章会更详细地讨论这个问题。图 2-9 和图 2-10 绘出了 1926 ～ 1998 年和 1970 ～ 1998 年两个时期的收益和风险。用标准差表示的每种资产的风险被标注在横轴（或 x 轴）上。无风险资产聚集在图的左侧，随着横坐标的右移，风险（标准差）逐渐增大。纵轴（或 y 轴）表示年化收益率，随着纵坐标的上移，收益逐渐增加。请注意大多数资产的风险是如何随收益的增加而增大的。如果画一条假想的线把这些点连接起来，我们会发现这条线向右上方倾斜。大多数资产都落在了一条直线上，明确地显示了风险和收益的关系。如上所说，主要的两个例外就是贵金属股票和环太平洋股票。

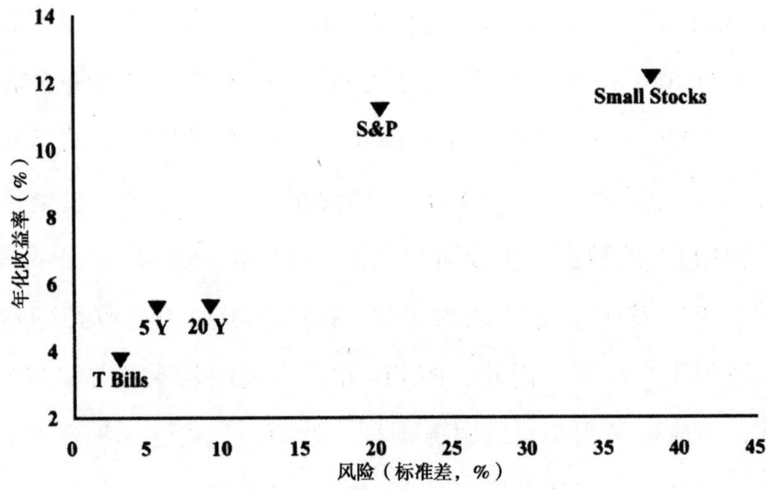

图 2-9　风险和收益，1926 ～ 1998 年

注：Small Stocks= 美国小型公司股票；S&P= 标准普尔 500 指数（美国大型公司股票）；5 Y=5 年期国库票据；20 Y=20 年期国债；T Bills= 国库券。

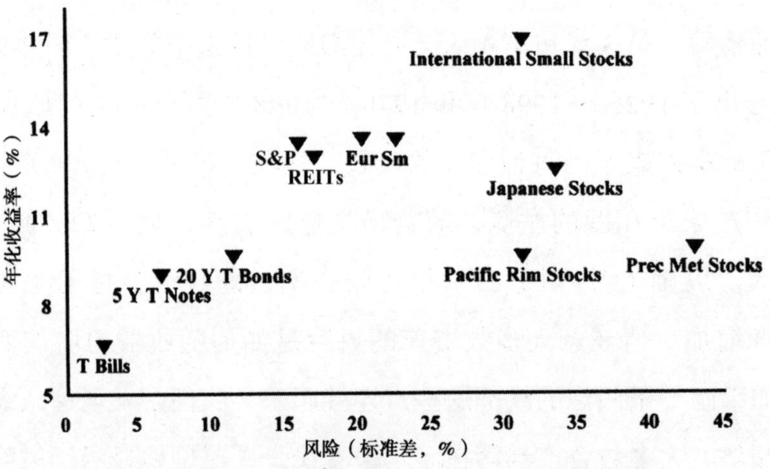

图 2-10　风险和收益，1970 ～ 1998 年

注：International Small Stocks= 国际小型公司股票；S&P= 标准普尔 500 指数（美国大型公司股票）；REITs= 房地产投资信托；Eur= 欧洲股票；Sm= 美国小型公司股票；Japanese Stocks= 日本股票；5 Y T Notes=5 年期国库票据；20 Y T Bonds=20 年期国债；Pacific Rim Stocks= 环太平洋股票；Prec Met Stocks= 贵金属股票；T Bills= 国库券。

历史收益的问题

一个让金融专家都感到头疼的问题就是预测资产的未来收益。一个简单的方法是用历史收益去进行预测，现有数据（尤其是来自伊博森数据库的数据）的质量和翔实程度让这种方法尤其吸引人。大多数分析师都从过去惨痛的经历中寻求经验，但盲目地用过去的收益去预测未来的收益是很危险的。在预测股票和债券未来收益这个问题上，投资者对其有一个直观的认识是非常必要的。

预测长期债券相对容易一些，对它们收益的一个很好的估算值就是息票率。比如你有一份息票率是 6% 的 30 年期国债，如果利率不变，事实上你将会获得 6% 的长期收益率。如果利率下降，那么你的收益率将会略微降低，因为息票会以较低的利率进行投资（即通常所说的再投资风险）。如果利率上升，结果将会相反。尽管长期债券市场波动性很显著，其长期收益率也只不过比票面利率高一点儿。1926 年年初，AAA 级长期公司债券的票面利率是 4.9%——和 1926 ～ 1998 年间 5.77% 的实际收益率相差不多。

长期债券也很好地揭示了过度依赖历史数据的危险性。1958 ～ 1983 年，债券市场经历了惨痛的熊市，长期国债收益率从不足 3% 上升到超过 14%。（债券价格和利率变化方向是相反的。）正因为如此，1934 ～ 1983 年的 50 年中，20 年期国债的年化收益率只有 3.5%，略低于通胀率。如果你依赖这些数据进行决策，那你将会很可笑地对 1984 年的债券市场做出悲观的预测。结果是 1984 年票面利率为 14% 的 20 年期国债更准确地预测了随后 15 年中 12.85% 的收益率。（年化收益率之所以降低是因为息票被以更低的利率进行再投资。）在本书写作过程中，长期国债的收益率又一次达到合理的 6%，因此它的期望收益率应该与历史上 5% 的正常水平接近。

股票收益就不容易预测了。可能历史最悠久的预测股票未来收益的方法就是所谓的股利贴现模型（dividend discount model）。它的原理是这样的：在足够长的时间中，所有公司都会破产。如果你不相信，就去一家大型参考图书馆查阅南北战争时期的股票名册，你会发现几乎所有的名字都不认识。股票的价值是由它未来所有股利的“折现值”组成的。（我们将在第 7 章讲述如何计算“折现值”以及“折现值”的确切含义。）如果你是一个投资者，将 10 000 美元投资于股市中然后像瑞普 · 凡 · 温克尔[⊖]一样去沉睡 20 年甚至 200 年，当你醒来时你将拥有一大堆大多已经倒闭的公司留下的再投资股利。（提醒你，这将是一笔巨额财富。）用这种方法预测一只股票或整个股票市场的价值是非常复杂的，但可以将其简化为以下公式：

股票收益率 = 股利收益率 + 股利增长率 + 倍数变化

1926 年以来，股票的平均收益率大约是 4.5%。收入和股利的增长率大约为 5%。倍数变化指股利整体上涨或下跌的程度。在这个例子中，它指一只在 1926 年售价 22 倍股利（4.5% 的收益率）的股票现

⊖ 《瑞普 · 凡 · 温克尔》（Rip Van Winkle）是美国作家华盛顿 · 欧文（Washington Irving，1783—1859）创作的著名短篇小说。在该小说中，瑞普 · 凡 · 温克尔在山林中睡了一觉，20 年后才醒过来。——译者注

在售价 77 倍股利（1.3% 的收益率），这样可以计算出至今每年的倍率为 1.7%。把这三个数字加起来得到的收益率为 11.2%，而实际历史收益率为 11.22%，预测结果还算不错。（当然，想要得到这个结论是要花一些工夫的。）

不幸的是，自从 2000 年以来情况就不同了。现在标准普尔 500 指数的股利收益率是 1.3%，股利增长率仍然是 5%。谨慎的投资者不应该期待收益和股利仍会存在倍率。把这两个数字加起来得到的股票期望收益率只有 6.3%，和票面利率为 6% 的长期债券差不多。因此，在今后几十年中股票收益率仅会略高于债券的收益率。

简而言之，当前对股票投资的乐观情绪看起来理由并不那么充分。（事实上，1998 年用相同的方法计算出的公司债券期望收益率超过了同期的股票收益率。）

著名的金融分析师本杰明·格雷厄姆曾经说过，短期中股市是投票机器，但长期中它则是重量测量仪，它测量的是股票收益率。在投资热情洋溢的年代，股票迟缓有时甚至停滞的收益增长率没有被重视。因此，我绘制了道琼斯工业平均指数自 1920 年以来的收益图。图 2-11 展示了其以美元计价的未经通胀调整的名义收益。图中的曲线以每年 5% 的速度增长。图 2-12 展示了相同数据经通胀调整后的走势，基准选择为 1920 年的美元。（如果想将基准换为 2000 年的美元，就要将数据乘以 9。）它的增长率只有每年 2%。期望更广范围的股票指数收益会显著超越 2% 的自然实际增长率，这是不现实的。这个收益可以增加你的股利，若想要更多的话就太愚蠢了。

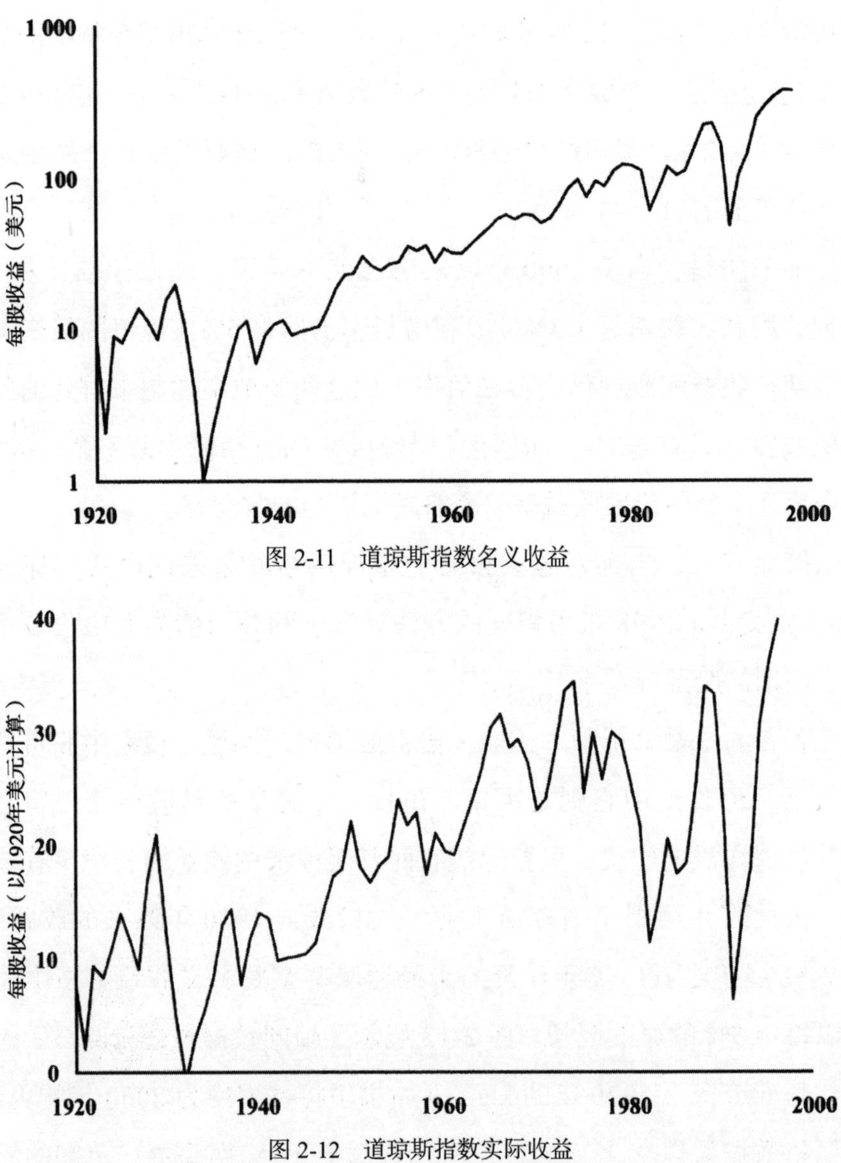

图 2-11　道琼斯指数名义收益

图 2-12　道琼斯指数实际收益

对其他种类资产运用类似分析就比较困难了。有迹象表明欧洲股票和日本股票的期望收益率应该和美国股票一样。美国小型公司股票的收益率应该更高。环太平洋地区和新兴市场股票现在的收益率在 3% ～ 4%，它们也可能比美国股票有更高的增长率并因此拥有更高的收益——当然风险也会更大。然而最异常的要数 REITs 了，它们当前的收益率达到不可思议的 8.8%。即使它们的利润没有增长，它们的收益率也应该比标准普尔 500 指数要高。

另外，国库券收益率几乎无法预测，因为它的息票（严格地说国库券没有息票，因为它是贴现销售并按面值偿付的）每个月都会变化。

因此，就像著名的飞行员查克·耶格尔[⊖]说的那样，我们遇到一点小麻烦了。用股利贴现模型估算出的未来股票收益率要远低于历史数据。聪明的投资者该怎么做呢？

这个难题没有确切答案，但我会站在保守的角度去选择股利贴现模型。通过这个方法，你将有可能根据自己的投资选择，或利用“资产配置策略”来计算你的长期期望投资收益，同时你也能够估算出获得这个收益所需要承担的风险。

之前已经提到过最有用的估算期望收益的方法就是通胀调整后收益，也称“实际收益”。这将会简化你的退休规划计算，因为通胀的影响已经被扣除了。直接算出 4% 的实际收益率要比先算出 7% 的名义收益率再减去 3% 的通胀率要简单一些，尤其是当你在 15 ～ 30 年之后才回收资金时更是如此。表 2-3 是一张快速粗略计算的表格，可

⊖ 查理·艾伍德·“查克”·耶格尔（Charles Elwood “Chuck” Yeager，1923 年 2 月 13 日—），退休美国空军准将，持有王牌（Ace）称号的第二次世界大战空战英雄，美国空军与 NASA 试飞员，第一个突破音障的人类，被认为是 20 世纪人类航空史上最重要的传奇人物之一。——译者注

以帮助你规划理财。你说自己能够承受一生中仅发生一次的 25% 的损失？好。用表 2-3 中的百分比，我们构建一个包括 50% 股票和 50% 短期债券的投资组合，其中股票部分由大型公司股票和小型公司股票组成。这个组合将在一生中仅发生一次的熊市中亏损 25%。你的经通胀调整后的投资组合期望收益率可以按如下方法计算：

- 投资组合中 25% 为小型公司股票，0.25 × 6%=1.5%
- 投资组合中 25% 为大型公司股票，0.25 × 4%=1.0%
- 投资组合中 50% 为债券，0.25 × 3%=1.5%

因此，你的投资组合实际长期期望收益率是：

$$1.5\%+1\%+1.5\%=4\%$$

这意味着你的投资组合实际价值将会每 18 年翻一番。（这通过"72 法则"可以很容易计算出来，即收益率乘以资产翻倍所需要的时间等于 72。换句话说，6% 的年收益率将会使资产每 12 年翻一番。）

表 2-3　不同种类资产特征的期望表现

资产	经通胀调整后的期望收益率（%）	最差的熊市损失（%）
国库券	0 ～ 3	无
其他所有高品质债券	3	无（短期） 10（长期）
美国和外国大型公司股票	4	40 ～ 50
美国与外国的 REITs 和小型公司股票；新兴市场股票	6	50 ～ 60
贵金属股票	0 ～ 4[①]	50 ～ 60

① 这是作者最好的估计。

休息一下吧，几天内都不要再阅读本书了。在第 3 章我们将会探索投资组合令人惊奇的市场表现。

·总 结·

1. 风险和收益是无论如何都分不开的，不要期望在获得高收益的同时还能享有低风险，不要在厌恶低回报的同时还渴望资产具有安全性。

2. 风险资产的持有期越长，遭受严重损失的概率就越低。

3. 资产或投资组合的风险是可以度量的。最简便的方法是计算出各个时期收益的标准差。

4. 那些不关注投资的历史记录的人将会屡次犯错。人们应该仔细研究投资收益和风险的历史数据。存续期足够长（通常超过 20 年）的资产投资数据对预测该资产未来的收益和风险很有帮助。此外，估算由该资产组成的投资组合未来长期收益和风险也是可以实现的。

| 第 3 章 |

多元资产投资组合的市场表现

弗雷德叔叔提供的另一种选择

时光飞逝，你又为弗雷德叔叔工作了好多年，现在你已经对每年例行的掷硬币程序产生了深深的恐惧感。概率论使你获得的硬币正面和背面的次数一样多。不幸的是，你不断增加的业绩和工龄意味着你押在每一次掷硬币上的赌注都在日渐增长。记住，弗雷德叔叔在每年年末给你的退休金中增加 5000 美元，并通过掷硬币来决定你今年究竟会获利 30%（硬币正面朝上）还是亏损 10%（硬币背面朝上）。你的钱是否会增多取决于每次掷硬币的结果，弗雷德叔叔也感到了你内心日渐增长的不满情绪。

他给了你另一种选择。在每年的年末，他会把你的养老金分成两个数额相等的部分，每个部分分别掷一次硬币。

你狡猾的叔叔安的是什么心呢？你的第一反应是恐惧——如果掷一次硬币已经使你饱受折磨，那么掷两次硬币肯定会更糟糕。但是，你懂得理性分析，开始仔细分析他的建议。你意识到掷两次硬币会产生四种可能的结果，每种结果都有着相同的概率：

结果	第一次投掷	第二次投掷	总收益率
1	正面	正面	+30%

（续）

结果	第一次投掷	第二次投掷	总收益率
2	正面	背面	+10%
3	背面	正面	+10%
4	背面	背面	−10%

结果 1 和结果 4 与掷一次硬币时的结果相同，分别产生了最初的 30% 和 10% 的收益率。然而，还存在着一次正面一次背面的两种结果，这两种结果的总收益率是 10%（一半资产收益率为 +30%，另一半为 −10%）。

既然四种结果发生的概率相同，且在一个有代表性的四年时间中，这四种结果各会发生一次，你会发现自己的养老金会进行如下增长：

$$1.3 \times 1.1 \times 1.1 \times 0.9 = 1.4157$$

精通数学的你计算出来掷两次硬币的年化收益率是 9.08%，比掷一次硬币时 8.17% 的收益率高出了近一个百分点。更神奇的是，你发现你的风险降低了——在多了两个均值为 10% 的收益率后，你的标准差现在只有 14.14%，而掷一次硬币时的标准差为 20%。

聪明的老弗雷德叔叔已经介绍给你了投资组合理论中最重要的概念：

将你的投资组合分布于几种不相关的资产，这样可以在提高收益的同时降低风险。

这似乎好得令人难以置信。这里的关键词是**不相关**，第一次掷硬币的结果无法影响第二次投掷的结果。试想一下——如果两次掷硬币是完全相关的，即第二次投掷总会得到与第一次相同的结果，那我们将只能得到最初的 +30% 和 −10% 的收益率。

数学细节

有深厚投资背景的人应该知道，一份标的资产为证券或期货合约的看跌期权与其标的资产的收益有着强烈的负相关性。然而，这种情况中两种头寸会产生相反的回报，最终会使投资组合的收益接近于 0。更精确的说法是，两种拥有正收益的资产不会持续保持强烈的负相关性。

我们再回到低收益高风险的掷一次硬币的情况中来。如果第二次投掷与第一次完全负相关，即总是产生完全相反的结果，那我们获得的收益率将总是 10%。这样，我们就能在无风险的前提下拥有每年 10% 的长期收益！将收益彼此不相关的资产混合起来可以降低风险，因为当一种资产贬值时，另一种资产很有可能正在增值，但这种说法并不是绝对的。

在真实的投资世界中，偶尔会发现两种股票或债券不具有相关性，产生几个百分点的额外收益，并适度降低了风险。但可以确信的是，在长期中从不存在完全负相关性——因为这实在太不现实了。

简单投资组合市场表现的建模分析

掷硬币的例子应该已经使你相信分散化投资的好处了。在真实世界中，你似乎能找到无限的资产，并可以用其建立无穷无尽的投资组合。但是，对于每一个级别的风险，能够带来最高投资收益率的投资组合只有一个。更糟糕的是，正确的或最优的资产配置策略只有在回顾过去时才会被发现；未来 20 年的最优配置和过去 20 年的最优配置毫无关系。那到底怎样才能找到未来的最佳资产配置策略呢？

为了探究答案，我们建立一个“实验室”来模拟复杂投资组合的市场表现。为了更好地理解这个实验，我们先从一些最简单的例子开始。

例 3-1 这个模型仅由两种资产组成：第一种是与弗雷德叔叔投掷硬币的收益率分布相同的资产。它会以相等的概率带来 +30% 或 −10% 的收益率，在这个例子中我们称之为股票；第二种资产会以相等的概率带来 0% 或 +10% 的收益率，我们称之为债券。这里所说的股票长期收益和风险与真正的股票很相似，债券的长期收益和风险也和 5 年期国债相似。这个组合的收益有四种可能的结果：

阶段	1	2	3	4
股票收益	+30%	+30%	−10%	−10%
债券收益	+10%	0	+10%	0

你可以按任意比例对这两种资产进行长期投资，在每年年末你必须将组合重新调平到这个比例。我们假设你选择了股票和债券各一半的比例，换句话说，在每年年末，你的一半资产进行了 0 或 +10%（债券）的硬币投掷，另一半则进行了 +30% 或 −10%(股票）的硬币投掷。如果某一年债券收益为 +10% 但股票收益为 −10%，在年末你就拥有了更高价值的债券和更低价值的股票，你必须卖掉一些债券并用这些钱去填补股票价值的缺额。类似地，在那些股票获得 30% 收益的年份，你必须将足够的股票转变为债券以使组合的比例重新变为 50/50。这样做有几个原因：第一，调平可以在增加投资组合长期收益的同时降低风险；第二，不对组合比例进行调平最终将会导致整个组合全部

变成了股票，股票的高收益会使你的风险收益比达到更高的水平；最后，调平的习惯有助于培养投资者低买高卖的投资思路。

还是这个例子，现在假设你选择了 25% 的债券和 75% 的股票。R_b 和 R_s 代表了债券和股票各自的收益率，在任意时间段该投资组合的收益率为：

$$(0.25 \times R_b) + (0.75 \times R_s)$$

因此，如果某一时期股票的收益率为 +30%，债券的收益率为 +10%，那么投资组合的收益率是：

$$(0.25 \times 10\%) + (0.75 \times 30\%) = 25\%$$

收益率的四种可能的结果如下：

阶段	1	2	3	4
股票收益率	+30%	+30%	−10%	−10%
债券收益率	+10%	0	+10%	0
75% 股票和 25% 债券组合的收益率	+25%	+22.5%	−5%	−7.5%

该投资组合的年化收益率是 7.70%，标准差是 15.05%。首先，注意这个组合的收益率仅仅比全部投资股票时要低 0.47%，但它的风险（标准差）降低了 5%。（换句话说，降低 1/4 风险所付出的代价仅仅是收益减少了 1/17。）这是对分散化投资的好处的又一个例证。这个例子提供了一种简单而又强有力的方法去研究最常见的分散化投资工具——股票和债券组合的风险和收益特征。熟悉电子表格操作的人会发现，建立一个简单的工作表去分析上面例子的收益和风险只需要几分钟时间。图 3-1 用与图 2-9 和图 2-10 相同的形式在图中画出了这些数值。记住，收益随着纵坐标的上升而增加，风险随着横坐标的右移

而增大。

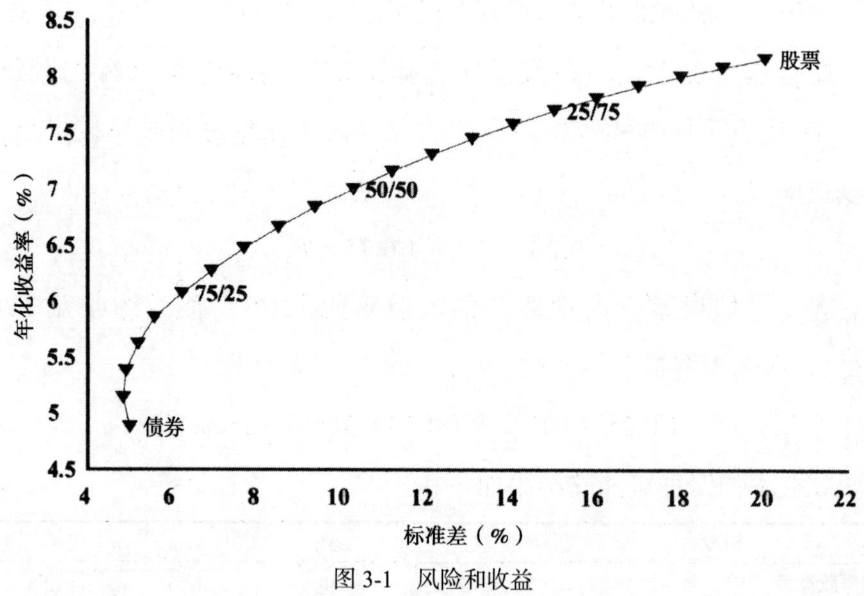

图 3-1　风险和收益

图的右侧部分不是很出人意料。当你在股票组合中加入少量债券时，整个组合的风险大幅下降，收益却损失不多。然而，图的左侧部分却值得注意。当你向一个债券组合中加入少量股票时，收益如预期般增加了，但同时风险也略微降低了。“最低风险”的组合包含大约 7% 的股票，一个股票占 12% 的投资组合风险与全债券组合相同。因此，以最小化风险为目标的投资者必须在其组合中持有一定量的股票。这种现象在我们对投资组合市场表现的研究中还会再次遇到。

例 3-2　让我们以本章开头的弗雷德叔叔掷硬币的例子来做与例 3-1 类似的计算。本例中两种资产的收益率为 +30% 或 −10%，且两种资产的收益相互独立。总结如下：

资产	阶段 1	阶段 2	阶段 3	阶段 4
A	+30%	+30%	−10%	−10%
B	+30%	−10%	+30%	−10%

像例 3-1 一样，图 3-2 画出了由资产 A 和 B 组成的投资组合的收益和风险。既然两种资产有着相同的收益率和标准差，你只需要画出一半的点，因为比例为 75/25 与比例为 25/75 投资组合的市场表现是相同的。结果很明确，当你向着 50/50 的比例移动时，风险降低（向左移动）且收益增加（向上移动）。曲线上的每一点都代表了 5% 的比例变化，你会发现大部分收益都产生于由全部为某一种资产向 75/25 比例转化的过程中，而从 75/25 到 50/50 的过程中产生的收益大大减少。65/35 的比例的收益和风险与 50/50 的比例相比并无显著区别，仅相差不足 0.1% 的收益率和 0.5% 的标准差。这个例子启示我们：

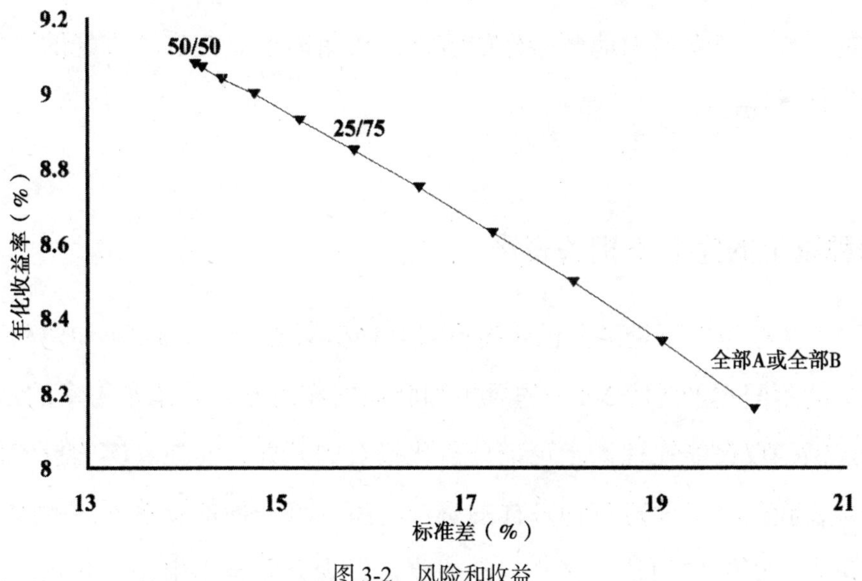

图 3-2　风险和收益

（1）如果两种资产有着相似的长期收益和风险，并且不是完全相关，那投资于这两种资产的固定比例、定期调平的投资组合不仅能降低风险，事实上也能增加收益。你已经知道是两种资产的不完全相关性造成了风险的降低，一种资产表现差劲很可能伴随着另一种资产表现卓越，从而减轻了你的损失。收益的增加同样可以归类于这种现象：如果一种资产表现卓越而另一种表现差劲，那么调平规则会要求你卖出一些优质资产（高卖）来买入更多差劲资产（低买）。没有调平规则就无法获得本例中的超额收益。

（2）如果两种相关性很小的资产拥有相似的收益和风险，那最合适的比例大致为 50/50。

（3）资产配置策略中存在着很多误差。如果你的比例比事后发现的最优组合低了 10% ～ 20%，你应该也不会亏得太多。像我们将要看到的一样，毫无畏惧地坚持你的资产配置策略要比挑选“最好的”配置策略重要得多。

两种以上的完全不相关资产

上述模型对于论证分散化投资对两种相似资产（例 3-2）和两种不相关的不同资产（例 3-1）的风险和收益的作用非常有用。不幸的是，上述例子仅仅能在理论上论证分散化投资的好处，而在真实的投资世界中，我们必须面对各种各样的资产类型，每一种都有着不同的收益和风险。更糟糕的是，这些资产的收益很少会完全不相关，并且这些资产的收益、风险和相关性都会随时间进行大幅波动。为了弄懂真实的投资组合，我们需要运用更复杂的投资技巧。

迄今为止我们仅讨论了包含两种不相关资产的投资组合。两种不相关的资产可以用 4 个时间段来表示，就像弗雷德叔叔掷硬币的例子一样。三种资产可以表示为 8 个时间段，四种资产可以表示为 16 个时间段，以此类推。然而，在真实的投资世界中，很难找到两种不相关的资产，想找到三种两两不相关的资产是几乎不可能的，超过三种就更不可能了。原因很简单，拥有两种资产的投资组合只有 1 个相关性，三种资产有 3 个相关性，四种资产则有 6 个相关性。（大办公室有比小办公室更复杂的办公室政治也是这个原因。一个三人的办公室有 3 对人际关系，而十人的办公室则有 45 对。）

真实的资产几乎总是不完全相关的。换句话说，一种资产获得超额收益可能会使另一种资产也获得超常收益。相关程度用相关系数来表示，它的值在 −1 到 +1 间变动。完全相关的资产的相关系数是 +1，不相关的资产的相关系数是 0，完全反相关（或负相关）的资产的相关系数是 −1。理解相关系数最简单的方法就是在一张图上画出两种资产很多期的收益，就像图 3-3、图 3-4 和图 3-5 一样。

每张图都画出了从 1975 年 1 月到 1998 年 12 月的 24 年中两种资产总共 288 个月的月收益。图中每一个点都表示两种资产某一个月的收益，x 轴（横轴）和 y 轴（纵轴）分别代表其中一种资产的收益率。如果这两种资产是完全相关的，那所有点都会落在一条直线上。（如果相关系数为正，那所有点会组成一条从左下向右上延伸的曲线；如果相关系数为负，那所有点会组成一条从左上向右下延伸的曲线。）如果两种资产不相关，那这些点将会分散在整个图上。

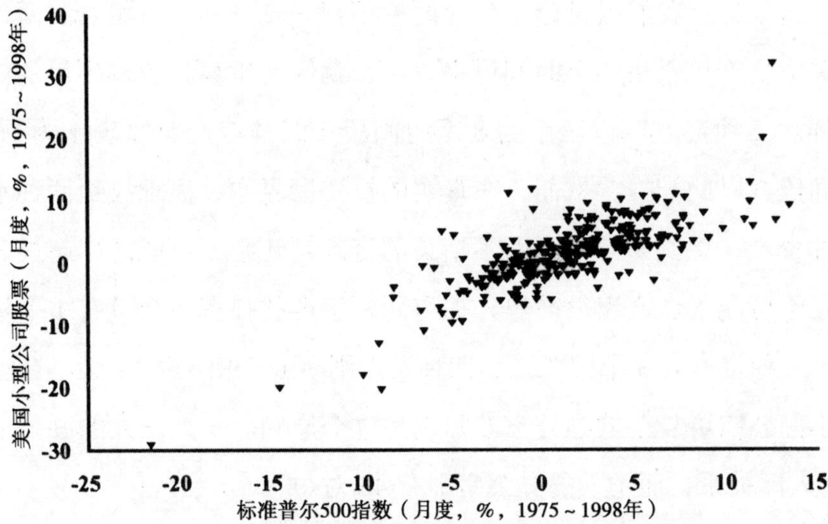

图 3-3　标准普尔 500 指数 / 美国小型公司股票，相关系数 0.777

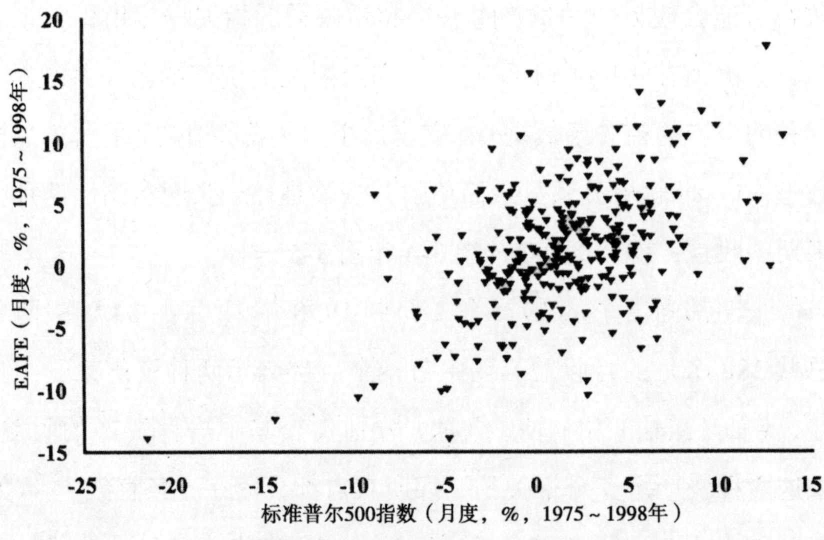

图 3-4　标准普尔 500 指数 /EAFE，相关系数 0.483

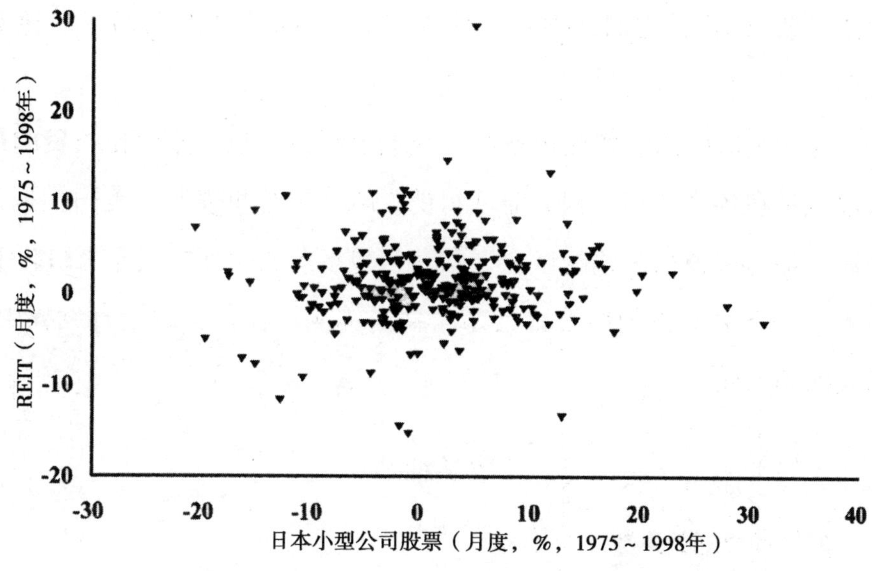

图 3-5 日本小型公司股票 /REITs 相关系数 0.068

图 3-3 画出了标准普尔 500 指数和美国小型公司股票在 1975 ～ 1998 年期间的月收益。大多数点都落在了一条直线上，一种资产收益差则另一种资产也好不到哪去。这两种资产的相关系数是 0.777，这已经很高了。这张图表明向美国大型公司股票（也就是标准普尔 500 指数所代表的股票）的投资组合中加入小型公司股票并没有降低太多风险，因为前者收益差的话，那后者也不会太好。

图 3-4 画出了两种弱相关的资产——美国大型公司股票（标准普尔 500 指数）和外国大型公司股票（EAFE 指数）。尽管这两种资产弱相关，但远没有达到完全不相关。二者的相关系数是 0.483。

最后，图 3-5 画出了两种相关性很小的资产（相关系数只有 0.068）：日本小型公司股票和 REITs。这张图是一张看不出任何相关性的“散点图”，它们之中的一种资产市场表现的好坏与另一种毫无关系。

为什么这些图形如此重要呢？我们已经讨论过，分散化投资的最大收益是在各个资产不相关时获得的。以上的分析表明，美国小型公司股票和大型公司股票的组合无法获得较多收益，而投资于 REITs 和日本小型公司股票的组合则会赚得盆盈钵满。在真实的投资世界中，事实的确如此。

数学细节

怎样计算相关系数

在本书的前几版中，我加入了一个章节来讲授如何手工计算相关系数。在个人电脑普及化的时代，用手工计算相关系数纯粹是自己找罪受，最简单的方法是用电子表格来计算。假设你有 A、B 两种资产 36 个月的月度收益，将二者的收益输入进表格中相邻的两列，每一列数值都从第 1 行排列到第 36 行。

如果使用 Excel 软件，在两列数据以外的任一单元格中输入公式 = CORREL(A1 : A36，B1 : B36)

如果使用 Quattro Pro 软件，公式为 @CORREL(A1..A36，B1..B36)

对于多于两种资产的情况，两种软件都有各自的工具可以生成各个资产数据的“相关性矩阵”。如果想了解更多有关计算相关系数的具体步骤的解释，你应该去阅读正式的统计学教材。

·总 结·

1. 资产的相关性这个概念是投资组合理论的核心——相关性越低，投资组合的市场表现就越好。

2. 将你的投资组合分散化投资于几种不相关的资产中可以降低风险并增加收益。你必须通过定期调平你的投资组合来获得增加的收益。

| 第 4 章 |

真实世界中投资组合的市场表现

迄今为止，我们已经讨论了投资学理论中两个最重要的部分：股票或债券等单一资产的市场表现和最简单投资组合的市场表现。现在到了研究真实的股票和债券组合的市场表现的时候了。接下来我们将要探究投资组合分析的终极问题：什么样的投资组合能够以最小的风险收获最大的收益？

研究复杂投资组合的市场表现：风险 - 收益图

目前，我们仅讨论了包含两种不相关资产的简单投资组合。“复杂”的投资组合是指包含了多种资产，且各个资产间的相关性为多种多样的组合。不幸的是，不相关的情况很少出现，大多数相关系数都聚集在 0.3 ～ 0.8，这就是你在真实世界中所能见到的投资组合情况。如果掌握了方法，对复杂投资组合的市场表现进行建模和研究就不是一件难事。让我们使用最常用的两种风险资产：美国大型公司股票和长期（20 年期）美国国债。这些资产的年化收益率都能在本书第 2 章中提到的伊博森出版的 SBBI 报告中找到。假设我们打算研究这两种资产各占一半比例的投资组合的市场表现，在任何一年中该投资组合的收益等于每种资产的收益乘以各自在组合中所占的比例，在本例中比例均为 0.5。如果该年股票的收益率为 24%，债券的收益率为 2%，那 50/50 比例的组合的收益率为：

$$(0.5 \times 24\%) + (0.5 \times 2\%) = 12\% + 1\% = 13\%$$

60/40 比例的组合的收益率为：

$$(0.6 \times 24\%) + (0.4 \times 2\%) = 14.4\% + 0.8\% = 15.2\%$$

我们可以计算出 1926 ～ 1998 年的 73 年中每一年的任意成分比例的投资组合的收益率。每种投资组合的收益率和标准差都可以通过这 73 年的组合收益率计算出来。听起来是不是很烦琐？如果你用手算的话的确如此。但是，懂电脑和电子表格的人们会发现只需几分钟就可以建立一个工作表来处理这些工作。你只需要输入各个资产在投资组合中的比例，就可以立即得到组合的收益率和标准差。（感兴趣的读者可以登录 **http://www.efficientfrontier.com/files/sample.exe** 来获得电子表格文件。）

我们的投资比例从 100% 投资于股票开始，然后将比例变为股票 / 债券 =95/5，然后 90/10，再然后 85/15，以此类推，直到 100% 投资于债券。电子表格会在你输入组合比例的瞬间计算出年化收益率和标准差。你可以用同一个电子表格软件在坐标轴上画出这 21 种比例的图例，其中 *x* 轴代表标准差，*y* 轴代表年化收益率。结果如图 **4-1** 所示。

这种图对你能否理解投资策略而言至关重要。你在前几章已经看过类似图形了。记住，随着纵坐标向上移动，收益增加；随着横坐标向右移动，风险增大。

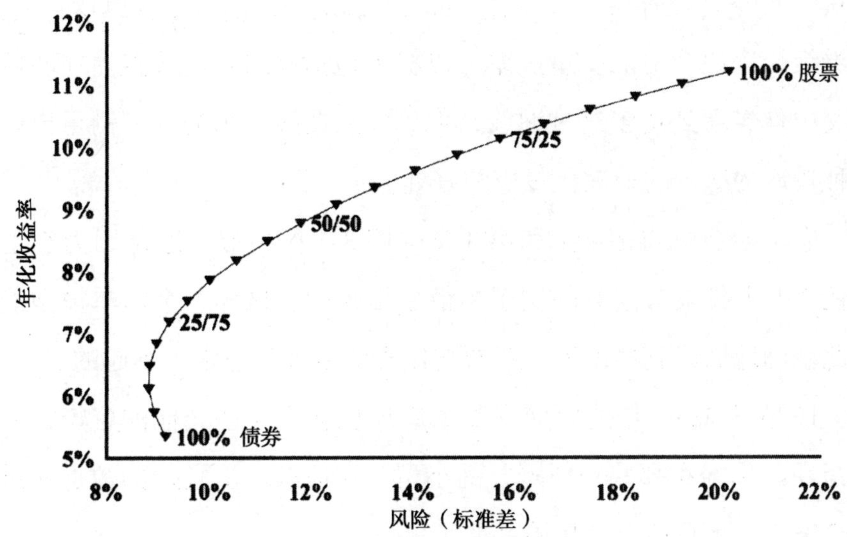

图 4-1 股票与 20 年期国债组合，1926 ～ 1998 年

将图中的小三角形连接起来就得到了一条曲线，我们可以沿着这条曲线移动。让我们从左下角 100% 债券处开始，从这一点沿着曲线向右上方的“股票”点移动，起初曲线几乎垂直上升。这意味着向组合中增加最初的 15% 的股票完全没有增大风险，但收益却上升了。当我们继续增加 10% 的股票时，曲线开始略微向右倾斜，表明之后的收益增加会伴随着风险的略微上升。在我们越过 50/50 的点时，向组合中继续加入股票只会略微增加收益，但风险却大大增加。换一个角度来看，我们也可以从 100% 股票开始移动。从这点开始，曲线几乎直直地指向左侧，向组合中加入少量债券会在几乎不影响收益的情况下大幅降低风险。要注意股票和债券组合的收益—风险数据画在图 4-1

中是一条略微上凸的曲线，这说明我们可以从分散化投资中获取超额收益。此外，在曲线最左端有一部分明显向左凸出，这说明对一个全债券组合来说，增加少量股票可以极大地提高组合的收益。在随后的几页中你会看到更多这种曲线，你可以从曲线凸出的程度测量出任意两种资产的组合的分散化投资的好处。

你可能会觉得图 4-1 和第 3 章的图 3-1 很相似，这是因为它也是从例 3-1 中股票与债券的例子中衍生出来的。这样一个简单模型能够如此精确地描述真实世界中股票与债券的表现是非常了不起的。

1926 ～ 1998 年的伊博森数据库还包含了一些其他的资产，如美国短期国库券和那些“狂野”的小型公司股票。把它们的数据输进电子表格中并计算收益和风险并非难事。

图 4-2 包含了图 4-1 中的股票和 20 年期债券，不同的是我们又增加了两种债券选择：30 天期限的国库券和 5 年期国库票据。图中三条曲线分别代表了股票与 20 年期债券、5 年期国库票据和 30 天期限国库券的组合。它们说明了什么？首先，观察图的右侧部分，这部分中三条曲线非常近似。假设你能够忍受 15% 的风险，要想达到这个风险水平你需要在股票组合中加入少量债券。选三种债券中的哪一种则影响不大，你的收益和风险都是一样的。接下来假设你能够承受 10% 的风险，很容易发现选择 5 年期国库票据要优于选择其他两种债券。在大多数情况下国库券都没有优于其他两种债券，这意味着对于每一风险水平，股票与 5 年期国库票据的组合都能产生更多的收益，而国库券则只有在低风险水平时才会被青睐。使用回溯法和另一种叫作

均值 – 方差分析的方法对其他数据进行投资组合的模拟同样得出了短期债券表现优异的结论。有时用少量长期债券或国库券来分散风险或许有优势，但通常情况下使用 6 个月至 5 年期的债券来分散投资组合的风险都不会犯大错误。

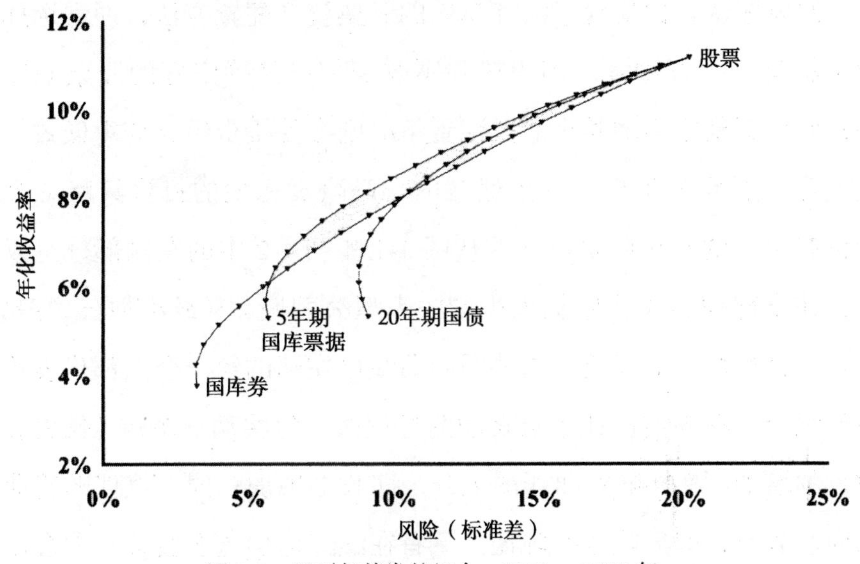

图 4-2　股票与债券的组合，1926 ～ 1998 年

伊博森数据库还包括了另外两种资产：小型公司股票和长期公司债券。小型公司股票和大型公司股票的表现类似，长期公司债券则与 20 年期国债的表现基本相同。

风险稀释

如果你觉得自己的投资组合风险过高，你有两种方法去降低它。第一种是减少对风险资产的投资。例如将小型公司股票换成大型公司股票，将外国股换成国内股，将工业股换成公共事业股。第二种方法是继续保持你最初在各个类别的股票中的资产配置，只是将少量的股票替换为相同价值的短期债券。这样做等同于在收益—风险曲线上从右向左移动。

如果你认为你找到了一种有效的股票资产配置方法，通常选择风险稀释是一个好主意，因为这并不改变你已经确定好的股票配置策略，而重新制定你的整个股票配置策略则会使投资组合变得低效。像我们已经看到的那样，一个保守的、风险厌恶型的投资策略总会至少持有少量的高风险资产，这从图 4-1 和图 4-2 中的左侧部分可以看出：在全部债券组合中加入少量的大型公司股票（或小型公司股票）事实上会略微降低风险。这些图中曲线最左端的第一个点都代表着全债券组合，在向后面几个点移动的过程中，每移动一个点（代表股票数量的增加）都伴随着曲线的上升，即收益增加；同时也伴随着曲线的向左倾斜，即风险略微降低。只有在继续追加更多股票时才会使曲线开始向右倾斜，从而增大风险。高风险投资组合中的股票配置与低风险投资组合没有较大区别，主要的区别在于股票和债券搭配的比例不同。

外国资产

回想一下我们在第 3 章中讨论过的掷两次硬币的模型。从两次掷硬币中获得超额收益的数量取决于两次相互独立（不相关）掷硬币过程的结果。如果这两次掷硬币的结果总是相同（高度相关），那掷两次硬币就并无任何优势可言。构建有效投资组合的精髓在于使用大量低相关性的资产。不幸的是，1926 ～ 1998 年间全美的数据库中只有两类资产相关性不大——股票和债券。大型公司股票和小型公司股票之间的相关性非常高，短期债券和长期债券之间也是如此。如果我们希望建立包含很多种相关性差的资产投资组合，那就很有必要使用外国证券。外国股票和债券的高质量数据可以追溯到 1969 年，幸运的是当代最糟糕的熊市发生在 1973 ～ 1974 年，对这一时段中投资组合市场表现的研究可以很好地衡量熊市的风险。

10 年前经常会听到投资于外国证券可以获得高收益。到 1985 年，你在阅读《华尔街日报》中“货币与投资”栏目时，总会不可避免地阅读到大型养老基金、捐赠基金和私募基金的基金经理们正在怎样增加对外国资产的敞口以提高收益。各个领域的金融专家都对分配于外国资产的敞口做出了学术演讲和讨论。

应用最广泛的外国股票指数是摩根士丹利欧洲、大洋洲和远东指数，也就是通常所说的 EAFE（发音为“eef'ah”）。在以 1988 年为终点的 20 年时间中，EAFE 的收益要比同期美国大型公司股票和小型公司股票高出 2%。（在那时，外国债券的收益也比国内债券要高出相同幅度。）1969 ～ 1988 年的 20 年中，标准普尔 500 指数和 EAFE 组成的投资组合的收益和风险可以用图 4-3 来表示。现在来聊一聊“免费的午餐”吧！从曲线底端开始，每增加一点 EAFE 的投入都会增加收益，而且最开始的时候，风险事实上是不断降低的。在你保守传统的国内股票组合中加入 30% 的 EAFE，就可以在几乎不增加风险的情况下使其年化收益率增加 2%。

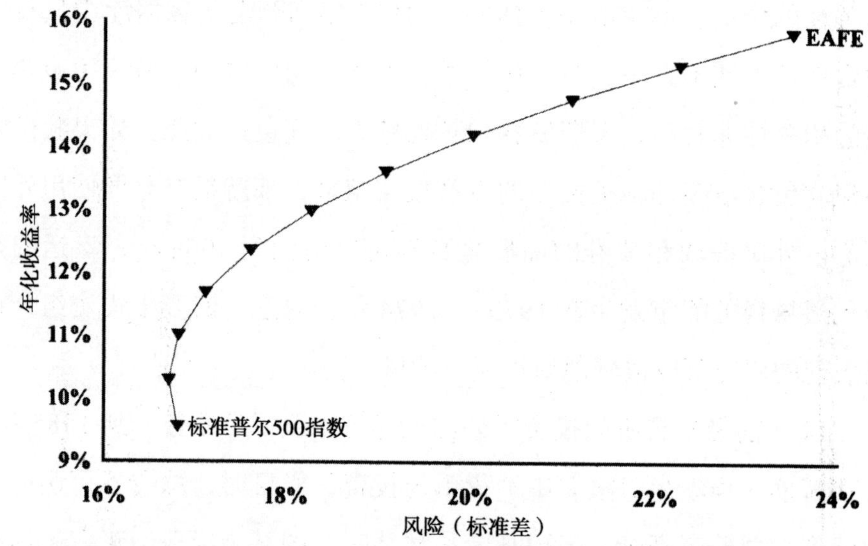

图 4-3　标准普尔 500 指数与 EAFE 的组合，1969 ～ 1988 年

这听起来是不是很难以置信？确实如此。让我们看看图 4-4 中 1979 ～ 1998 年这最后 20 年中的情况是怎样的。现在要跟“免费午餐”说再见了，尽管在曲线上前两个点的移动可以降低风险，但收益也随之减少。之后，曲线陡然下降，风险增大的同时收益不断减少。在 2000 年这本书正在写作时，猜猜专家说什么？“待在家里才能挣大钱。只买你了解的公司股票。用外国资产分散化投资会置你于危险境地。还有，如果你一定要投资于外国资产，就找一个水可以直接饮用的地方[⊖]。”

⊖ 这里是指经济比较发达的地区。因为西方发达国家的水是可以直接饮用的，而经济欠发达地区的污染较为严重，水一般是不能直接饮用的。——译者注

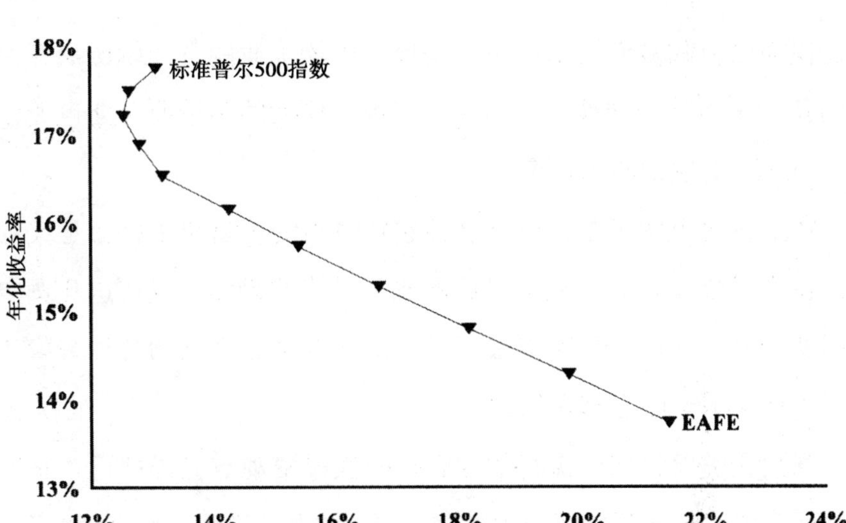

图 4-4 标准普尔 500 指数与 EAFE 的组合，1979 ～ 1998 年

有点跑题了。以后我会讨论行为金融学领域的问题，但以上的例子是“近因效应”[⊖]的一个完美案例，这也是很多即使经验丰富的投资者也会犯的唯一重大错误。“近因效应”是指人们总倾向于以最近的趋势来无限度地推断未来的趋势。更正式的说法是，过分依靠最近的但不完整的数据，而无视年代久远却更完整的数据。更关注最近发生的大事是人类的本能。20 世纪 70 年代和 80 年代早期的高通胀，让那个年龄段的人们记忆犹新，在那时，很难想象这样的经济灾难有一天会结束。那时能够持有的资产只有房地产和黄金。如果你不幸地持有了被人们嘲讽的“纸资产”(股票和债券)，那你简直是在提着自己的脑袋过日子了。更多的读者会回想起 10 年前人们对日本经济实力的那

⊖ 近因效应是指当人们识记一系列事物时对末尾部分项目的记忆效果优于中间部分项目的现象。——译者注

种恐惧而敬畏的复杂心情。美国房地产中最优质的资产就像疯狂促销中的盒装洗涤剂一样被一扫而空，美国最伟大的制造业企业也无法与日本公司的霸权统治相抗衡。

在上述两个例子中，根据这种感觉做出的投资决策将会是灾难性的。日本股票和贵金属从那以后就成了恐怖的投资。我在这几页中一直强调的是，你应该尽可能去尝试辨别当今金融领域的各种智慧和思想以便你将来可以忘掉它们。

既然我们已经知道流行的国际化分散投资观点已经被近年来外国股票恶劣的表现所损害了，那“完整的”数据又说明了什么呢？图 4-5 是 1969 ～ 1998 年 30 年间完整的风险 – 收益图，在此阶段标准普尔 500 指数的收益率是 12.67%，EAFE 的收益率是 12.39%，二者几乎相同。注意看纵轴上的数字间隔有多小，整个收益率变动的幅度不超过 1%。注意看这幅图的“凸起”有多大，包含 80%EAFE 的组合比任何一种资产的收益都要高，包含 40%EAFE 的组合比任何一种资产的风险都要低。因此过去 30 年中国际化分散投资的卓越表现是毋庸置疑的。

这 30 年数据的完整性如何？这是一个好问题。要知道在 1914 ～ 1945 年很多个股票市场的日子都不太好过。德国和日本的交易所基本都在战火中被毁灭了，很多其他拉美和东欧国家的私营经济也几乎完全被不懂经济学的军队和政府所没收。耶鲁大学的威尔 · 戈兹曼和加州大学尔湾分校的菲利普 · 乔瑞两位学者研究了 1920 年之后美国以外的股市的收益率，并试图度量这些“市场灭绝”对全球投资策略所

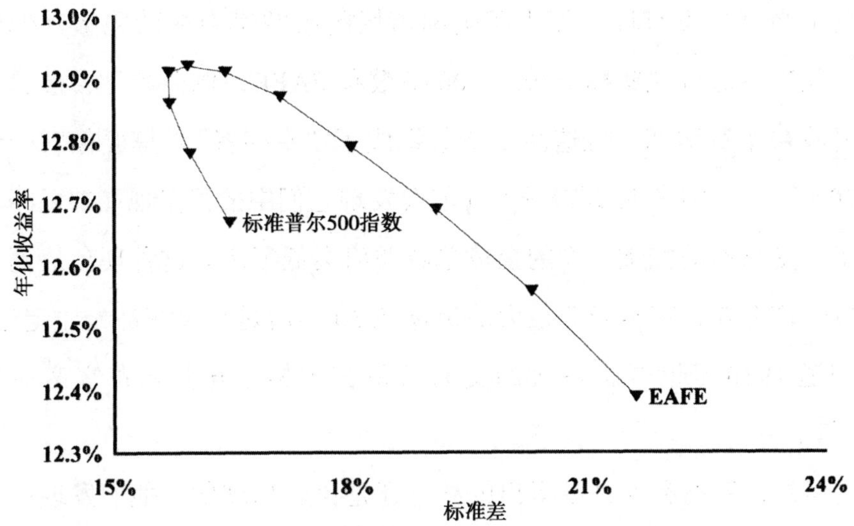

图 4-5 标准普尔 500 指数与 EAFE 的组合，1969 ～ 1998 年

造成的损害。他们发现美国拥有世界上最高的股票收益率，比通胀率高出了 8%，加拿大、英国、瑞士、瑞典和澳大利亚紧随其后。但是，其他很多国家的股市收益率要低得多，尤其是我们现在所说的“新兴市场”，甚至有些市场的实际收益率为负。他们的论文列在本书参考文献中，如果你读过此书，你可能会对文中收益率的表述方法有些疑惑。这篇论文中的收益率是经通胀调整后的，且不包括股利率。因此，美国市场的收益率被记录为 4%，这必须再加上平均 4% 的股利率(总共为 8%)，以及 3% 的通胀率，最终得到 11% 的名义收益率。

乔瑞和戈兹曼的论文的主要观点是，谨慎的投资者应该了解所谓的“幸存者偏差”。其含义是，通过观察美国市场的收益率，你很容易就总结出长期实际收益率会继续处于高位；但是，美国市场是全球股市中的赢家，其他很多国家市场的收益率都达不到与之相同的高度。当然，没有证据能表明美国市场的收益率会继续跑赢其他国家。此外，通过观察标准普尔 500 指数和 EAFE，你很容易会被它们的高收益率所诱惑。但这两个指数组成了“幸存者”。只要你看一看 1920 年存在的所有股票市场，你就会发现它们中的很多现在都已经消失了，受它们的拖累，你的全球总收益将会低很多。这种现象放到今天也一样存在，甚至当今最大的市场在 30 年后是否存在都无法定论。要知道 1930 年世界上最大的交易所是在柏林、开罗和布宜诺斯艾利斯[⊖]。

但是，乔瑞和戈兹曼得出的结论还是比较乐观的。他们发现以各国 GDP 为权重构建的国际投资组合的收益率要比美国国内组合大约低 1%，但与此同时标准差却大大降低了。他们总结说国际化分散投资的优势不是增加收益而是降低风险。这被 20 世纪 30 年代和 70 年代美国悲惨的熊市所证实，在这两个时段中，其他国家的风险相对较低，这使得全球化投资者从中获利。

就像 10 年前投资者对使用外国股票进行分散化投资过分乐观一样，如今的投资者对此过分悲观了。外国股票应该存在于每一个人的投资组合中。

再次拜访弗雷德叔叔

你慈祥的弗雷德叔叔对你正在探索的投资组合理论很感兴趣，并

⊖ 布宜诺斯艾利斯是阿根廷最大的城市。——译者注

感到了你对所持有外国股票敞口的不安。你们俩一同斟酌从图 4-3 到图 4-5 三幅图的含义。至此你知道弗雷德叔叔从来都没有直接回答你的问题。

你不明白是什么造成了如此令人绝望的数据。图 4-3 表明外国股票比例远高于美国国内股票比例的组合是有明显优势的；图 4-4 的结果正好相反；而图 4-5 则表明两种资产都需要持有适当数量。

“好吧，”你聪明的老叔叔说，“既然你不能预测股票的收益率，那为什么不折中一下呢？年轻人，要知道你并不打算把所有积蓄都投入股市。”

因此，你又用电子表格得到了图 4-6。这幅图在展示问题的同时也给出了解决策略。它展示了两个部分重叠 20 年时间的风险和收益。用细线组成的“船帆”型图案是较早的阶段，用粗线组成的“船帆”则是较晚的阶段。每个阶段的图都包括三种股票组合：仅有标准普尔 500 指数、仅有 EAFE、二者各占一半。然后每个阶段的各个组合中都会加入 5 年期国库票据，表示为图左下角处每个阶段的三条曲线交汇处的点。

首先，可以注意到后一个阶段的收益率要远高于前一个阶段。事实上，对于前一个阶段，标准普尔 500 指数的收益率并不比 5 年期票据高多少。此外这幅图也没有反映出 1969 ～ 1988 年间最令人沮丧的事：通胀率几乎为 7%，因此美国国内股票和债券的实际收益率几乎为 0。后一个阶段的通胀率要大概比前者低 2%，因此实际收益率要比前者高一些。

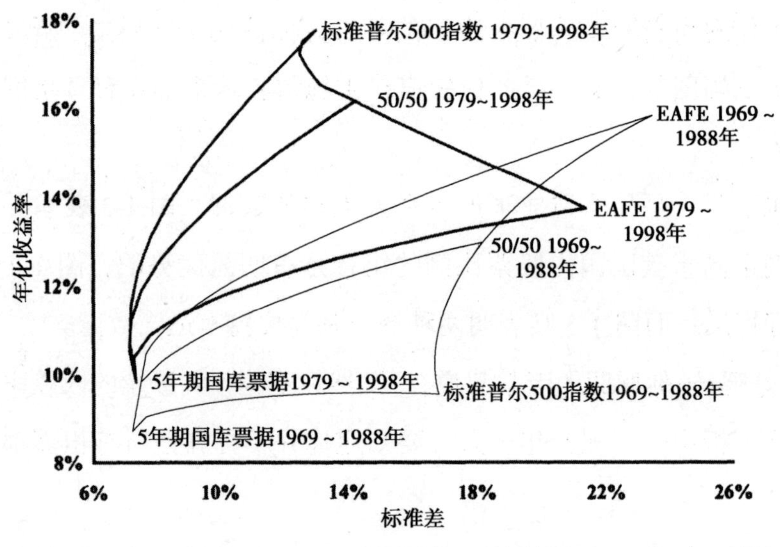

图 4-6 标准普尔 500 指数与 EAFE 的组合

这幅图很好地研究了“近因效应”。在 1988 年，每个人及其左邻右舍都对外国股票很狂热，因为它的收益比美国国内股票的收益高得多。更重要的是，人们对股票的整体热情并不算太高，因此 1988 年是卖出外国股票买入美国国内股票的绝佳时机。

现在来看更近的这一阶段（上边的粗线）。美国股票的收益非常高，并且“每个人都知道”股票的投资收益最高，尤其是美国股票。近因效应又起作用了。回忆一下伯纳德·巴鲁克的经典名言：

每个人都知道的事情是不值得知道的。

这句话重复多少遍都不为过。找出这个时代那些传统的思想，然后无视它们吧。

现在来看图 4-6 中的单个图形。选择每个阶段表现最差的股票与债券组合（前一阶段标准普尔与债券的组合、后一阶段 EAFE 与债券的组合）将会获得最差的收益，选择最好的组合则会获得最高的收益。问题在于预测未来很困难。如果你听取了你叔叔的建议，选择折中的方法，那你在两个时期中表现都还不错。在两个时期中，相比表现最差的资产，50/50 比例的资产收益要更接近于表现最好的资产。另外在整个 30 年中，我们已经知道 50/50 比例的组合是最好的股票资产。

外国股票在 1969 ～ 1998 年间几乎所有的优势都来源于货币升值，即由于日元和欧洲国家货币的升值给美国投资者带来了 2% 的额外收益。而在刚过去的 20 年中外国股票与美国国内股票运势正好反了过来。谁知道外国股票和美国国内股票到底哪一个能在今后 20 年、30 年甚至 50 年中获取更高收益呢？然而，50/50 的比例似乎不会与最优的外国股票和国内股票的配置相差太远。投资组合篮子、均值 – 方差分析以及其他的投资组合分析方法的真正目的并不是要找到“最好的”资产配置比例，而是找到一种在各种情况下都不会与目标相差太远的组合。

小型公司股票 VS 大型公司股票

弄清小型公司股票和大型公司股票的各自表现非常重要。小型公司股票比大型公司股票收益更高的说法直到最近才被广泛接受。尽管在过去 73 年中，所谓的小型公司股票溢价始终处于 1% 左右，标准普尔 500 指数最近卓越的表现还让这个溢价受到了质疑。近因效应，即我们过分关注最近发生的事情的趋势，又一次影响了我们。然而，没有人对小型公司股票风险高于大型公司股票的现象产生疑问。在图 4-7 中，我画出了小型公司股票和大型公司股票分别与万能的 5 年期国库票据按多种比例搭配后的风险 – 收益曲线。首先，要注意两条曲线几乎重合。换句话说，二者的风险 – 收益曲线非常相似，只是小型公司股票的曲线要比大型公司股票曲线更偏右一些。在这张图中，大盘股与债券的组合似乎要比小型公司股票与债券的组合更有效一些。但是，如果在 4 年前画同一张图，你就会发现小型公司股票要比大型公司股票更有效一些。然而，在图 4-7 中，最重要的发现是小型公司股票的曲线要更长一些。注意 1926 ～ 1998 年间小型公司股票与债券各 50% 的组合与 100% 为小型公司股票的组合的风险和收益几乎相同。更多最近的数据则表明这种“能量”已经减弱了，小型公司股票曲线大概只有大型公司股票的 1.5 倍长。但最基本的规律依旧不变，即在小型公司股票上获得的收益和风险都更大。

最后，为了完成这张图，我们需要考虑外国小型公司股票。这里有一个问题：最常用的国际小型公司股票指数很独特。这个指数由空间基金管理公司于 1970 年创建，几乎和 EAFE 一样久远。不幸的是，1988 年之前它只考虑两个市场——英国和日本。1988 年后，它的构成就与 EAFE 非常相似了。知道了这一点后，我在图 4-8 中画出了 1970 ～ 1998 年间美国小型公司股票与国际小型公司股票组合的表现。注意这条曲线“凸出”的程度。在曲线的最右端，要注意向组合中加入美国小型公司股票是怎样在不损失收益的同时降低风险的。在曲线

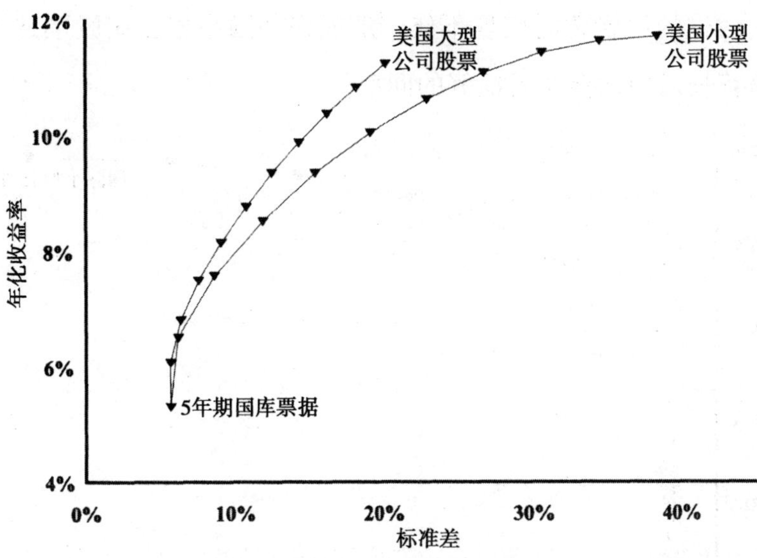

图 4-7 大型公司股票、小型公司股票和债券的组合，1926 ～ 1998 年

另一端，向组合中大量加入国际小型公司股票可以在不增加风险的同时显著地增加收益。图 4-8 为国际小型公司股票投资描绘了一幅乐观图景，但它也有灰暗一面。我将 1970 ～ 1998 年美国和外国的大型公司股票及小型公司股票收益率制成表格，并将其分为两个阶段，前 20 年（1970 ～ 1989 年）的收益率和后 9 年（1990 ～ 1998 年）的收益率为：

	标准普尔 500 指数	EAFE	美国小型公司股票	国际小型公司股票
1970 ～ 1989	11.55%	16.26%	11.82%	26.14%
1990 ～ 1998	17.89%	5.29%	13.56%	−1.08%

注意国际小型公司股票有多么疯狂，在第一个阶段它的收益逐渐上升，第二个阶段却糟糕透顶。似乎当外国股票表现很好时，外国小型公司股票会表现得尤其好，反之亦然。它该被加入你的组合中吗？这取决于你对“跟踪误差”的容忍程度。如果你很难忍受在其他人赚

钱的同时你的组合暂时表现不佳，那或许外国小型公司股票并不适合你，尽管长期中你会获得很好的回报。

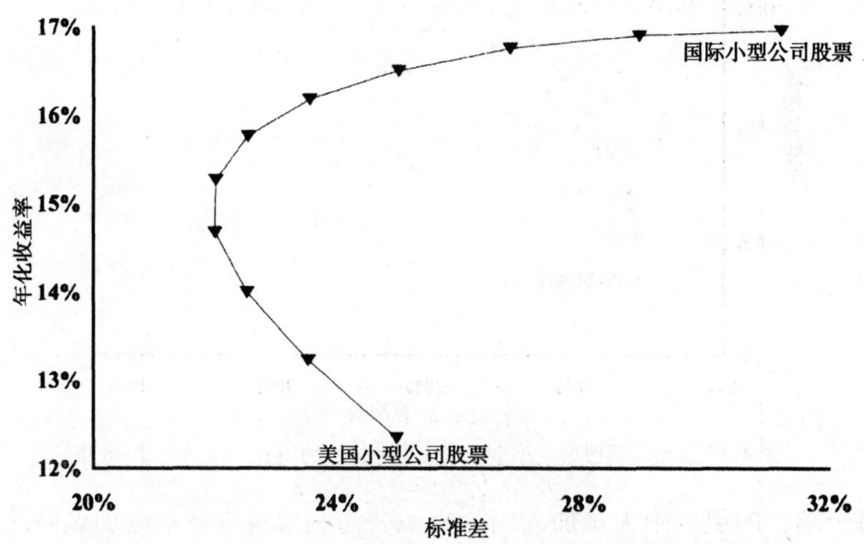

图 4-8　美国小型公司股票与国际小型公司股票的组合，1970 ～ 1998 年

有效边界

看看当我们仅讨论以上 3 种资产的组合时情况有多复杂。当然，在真实世界中，我们必须面对成堆的资产类别。将这些纷繁复杂的资产组合起来有无数种方法，怎样才能在其中找到一种合理有效的方法呢？

为举例需要，我选择了 6 种基础资产：标准普尔 500 指数、美国小型公司股票、欧洲股票、日本股票、环太平洋股票和贵金属股票，它们存在于全球绝大多数投资者的投资组合中（无论他们知道与否）。

我再次选择了 5 年期国库票据作为风险稀释的工具。我（更准确地说是我的同事大卫·威尔金森）用这 7 种资产随机生成了 800 个投资组合。然后我计算出了 1992 ～ 1996 年 5 年中这些投资组合的年收益率和标准差。这些代表不同投资组合的收益和风险（标准差）的点被画在图 4-9 中，组成了一个云状的图形。

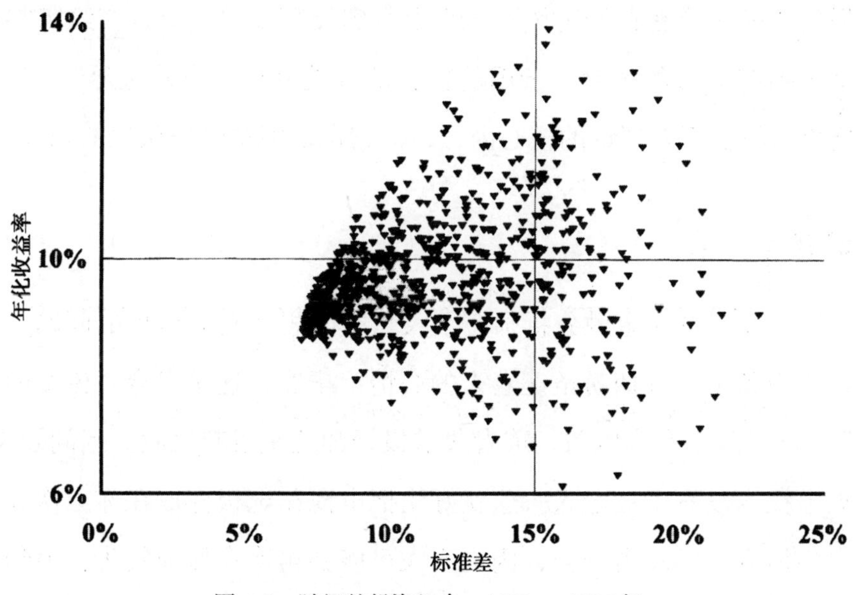

图 4-9 随机的投资组合，1992 ～ 1996 年

是否有一些组合的表现超过了其余组合？当然有。请注意这幅图被一条横线和一条竖线分成了 4 个部分。竖线代表了所有标准差为 15% 的资产，这与美国大型公司股票的风险基本相同。注意这条竖线上的一些投资组合有着低至 6% 的收益率，而另一些则有着高达 14% 的收益率。因此，很明显云图上方的组合比云图下方的组合要好。如果你打算承担 15% 的标准差风险，你应该争取获得该风险水平下最高

的收益。

横线代表了所有收益率为 10% 的资产。注意这些资产中的一些拥有低至 8% 的标准差，另一些的标准差则超过了 20%。因此，很明显云图左侧的组合比云图右侧的组合要好。

现在来看整张云图。注意左上部分是如何定义的。这就是我们想要得到的——或者在给定风险水平上得到最高收益，或者在给定收益水平上拥有最低的风险。云图的左上部分被称作“有效边界”。有效的概念是投资组合理论的核心内容，但它也是很多错误认识的来源。

圣诞老人

很多投资者和金融分析师花了大量时间思考有效边界的问题，他们使我想到了小孩期盼圣诞老人的心情。毕竟，这是完全“免费的午餐”：低风险却有高收益，或者收益极好却几乎没有风险。但问题是，世界上根本没有圣诞老人。这就好比把电池和电极棒放在你上次看到闪电的地方企图发电一样，闪电不太可能会再次在原地发生。换句话说，下一年的有效边界的位置不可能临近前一年的位置。任何人如果声称他们推荐的投资组合是“在有效边界上”，那一定是在胡言乱语。

为了举例说明，我让我的同事大卫·威尔金森用同样 7 种资产再次生成了 800 个投资组合，但这次的时间段是 1970 ～ 1996 年完整的 27 年。图 4-10 是投资组合的结果。首先请注意投资组合的云图与之前完全不同——它变得更平坦了。这是因为短期内资产的年收益率差别很大，但长期内这些差别都会趋于消失。换句话说，短期内精确制定投资组合的配置比例是很有必要的，但长期内则变得不那么重要了。

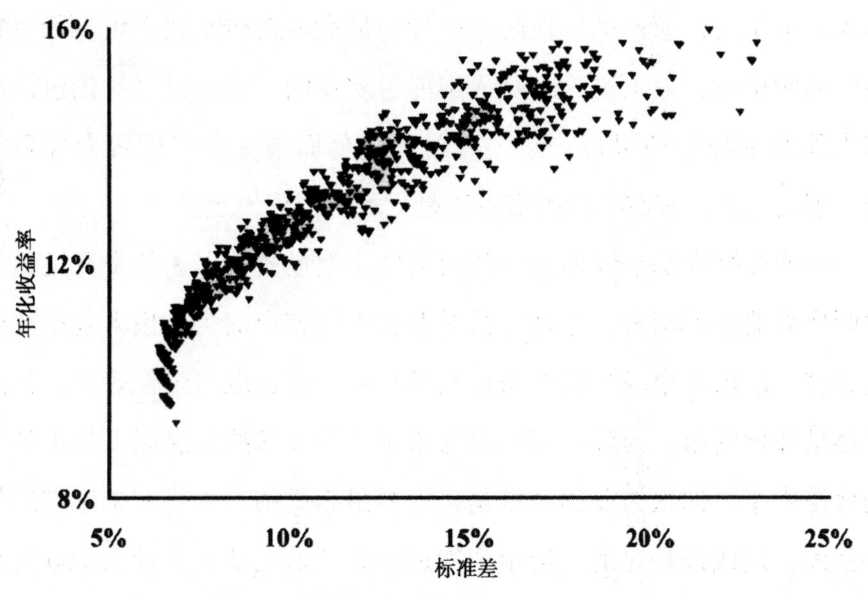

图 4-10 随机的投资组合，1970 ～ 1996 年

这张图中并没有体现出来更重要的信息。1992 ～ 1996 年间位于有效边界上的投资组合包含了大量标准普尔成分股和欧洲股票，但在长期中该投资组合的主要成分则是日本股票、美国小型公司股票和贵金属股票。事实上，如果你计算出整个时间段的前半阶段（1970 ～ 1983 年）的有效边界，并用此来配置你后半阶段（1984 ～ 1996 年）的投资组合，你将承担极大的风险。前半阶段由日本股票、贵金属股票和美国小型公司股票构成的位于有效边界上的投资组合在后半阶段损失惨重。

这张图没有解答的另一个问题是：当你随时间变化而彻底更换配

置比例时会发生什么。回想一下，之前我向你展示的所有模拟投资组合的配置比例都假设是不随时间变化的。那你是否能够以每年或每 5 年为一个阶段，通过挑选该阶段内表现最优的资产来获得更高的收益呢？当然可以，只不过这不是人类能够实现的。我们已经讨论过，没有人能时刻与市场保持一致。随时间变化而改变资产配置会导致灾难。事实上，大多数国际投资者正是因此而损失惨重。

一种被机构基金经理所钟爱而又使小型投资者入迷的资产配置方法叫作战略资产配置。这种方法需要将大笔客户的资金投入复杂的宏观经济、政治和市场分析中来推测哪种资产将会取得最佳表现。但这是傻瓜才做的事。为什么呢？因为市场已经将这些信息嵌入当前的市场价格中了。你认为美国经济是全世界最强劲的，并将在未来继续保持强劲，这或许是对的，但市场知道答案。这也就是为什么 100 美元的投资在华尔街只能收获 3 美元，而在首尔、香港或者圣保罗却能获得 8 ～ 15 美元。再回想一下近因效应。下次当你遇到身穿 2000 美元西装的光鲜亮丽的人用花言巧语告诉你未来经济或市场的走向时，要想想他父亲可能在 1979 年呼吁购买克鲁格金币，他哥哥可能在 1989 年力劝购买日本股票⊖。

有效边界的关键在于：它是虚幻的，就像几分钟前你头顶的云彩组成的蒂莉姨妈的图像一样转瞬即逝。再次提醒你，如果有人告诉你他知道有效边界在哪里，那请你立刻转身尽快离开他。

还有，如果你试图在罐子里收集闪电，你最好去得克萨斯而不是

⊖ 没过多久克鲁格金币和日本股市的价值就出现了大幅下跌。——译者注

阿拉斯加。有一些特定的资产或投资组合的表现很可能（不是一定）相当不错。

调平的重要性

到此为止我们所有关于投资组合的讨论都围绕着一个假设：在每年的年末，投资者将投资组合的配置比例调回到目标值。如果某种资产的表现格外好，它在组合中的比例将会升高；因此，足够数量的该资产必须被卖出并再投资于表现差的资产，从而使组合的比例回到目标值。这种目标比例被称作“资产配置政策”。你不应该低估完成这个过程所需要的纪律和耐心，因为这个过程意味着你要做出与投资界大多数甚至全部专业人士完全相反的决策。我的一个心理学家朋友指出，总是与大众做出相反的举动是成长为“逆向投资者”的有效方法。你将必须卖出人们喜欢的资产并买入他们所厌恶的资产。你只需要记住，最好的买入时机在产生前都经历了几年难以忍受的熊市，比如 1974 年的美国股票和 1970 年的日本股票。但要事先提醒你，在市场底部进行投资的感觉是很奇特的，就像把钱扔进老鼠洞里一样。

那些专家

小投资者总认为他们与那些掌管大笔资金，并能接触到复杂且及时的分析工具的专业人士相比处于劣势。这与事实相差甚远。小投资者比大型机构投资者有着三点绝对优势：

（1）小投资者可以积极自主地调平他们的投资组合，不用担心客户会因为他们购买表现差的资产而恼火。一个经常被引用的比喻是将成功的投资比作在单行道上驾车逆行。你开着自己的车都不容易做到，当你作为一辆劳斯莱斯的司机，载着一位路上不停抱怨坑坑洼洼的马路和可能发生碰撞的车主时，就更不可能逆行了。

（2）小投资者可以投资小型公司股票。大型机构投资者手中的巨额资金使其止步于小型公司股票。你可以买一些交易量很小的小型公司股票，然后在价格过高之前卖出以获得合理的收益。

（3）你在业绩糟糕时不会被炒鱿鱼。甚至最成功的投资者也会有失意的时候，有时甚至会持续很多年。乔·迪马吉奥㊀职业生涯中有过低谷，沃伦·巴菲特偶尔也有过投资失败的时候。更重要的是，即使是巧妙构建的资产配置的业绩都经常会差于市场，这里的市场表现通常用道琼斯工业平均指数或标准普尔 500 指数来衡量。事实上，大多数成功的资产配置策略在每 10 年中大约都会有 4 年表现差于道琼斯工业平均指数和标准普尔 500 指数。

为举例说明这点，我计算出了图 4-9 和图 4-10 中 7 种资产在 1970 ～ 1996 年间位于有效边界上的投资组合。收益率最高的组合包含了美国小型公司股票、日本股票和贵金属股票。当然，这种配置在将来会获得成功的概率很小——它从任何一个角度来说都违背了常理和“谨慎人规则”。然而，这个特别的配置在 1970 ～ 1996 年间的年

㊀ 乔·迪马吉奥，全名为约瑟夫·保罗·迪马吉奥。美国著名棒球运动员，美国棒球史上的传奇人物。——译者注

化收益率比标准普尔 500 指数高出了 3%。但是，这个极其成功的配置在我们研究的 27 年中有 12 年（占整个时间段的 44%）的表现都比标准普尔 500 指数要差。更进一步说，如果你的资产配置表现从来没有显著地差于标准普尔指数，那你可能正在犯错误。表现不佳的职业投资人承担着巨大压力，从而很可能被要求去购买投资人都最喜欢的股票，但这样做通常是灾难到来的前兆。

人们很容易轻信报纸或电视上那些油嘴滑舌的市场分析。通常当我听取一个分析师在电视上的评论时，我会打开电脑上晨星公司的 Principia 软件去查询该分析师是否在管理着公开交易的封闭式或开放式基金。查询结果是很有建设性意义的。一个号称"预测了 1987 年股灾"的著名分析师在为一家主流投资公司运营着一支共同基金，而该公司的业绩比市场差得多并最终关门大吉。另一个分析师定期出现在一个极负盛名的电视投资节目中，面对着 2000 万电视观众同样号称"预测了股灾"，他管理着数支封闭式和开放式基金，但他的业绩说好听点也只能算很普通。一个著名的简报作家定期出现于电视上黄金时段的某股市栏目，他请了一些久负盛名的学者对他推荐的股票进行了分析。结果发现如果你按照他的推荐进行投资，你将会连续 13 年每年亏损 5.4%。事实就是如此。

正像一位嗜赌如命但技术拙劣的赌徒偶尔也会击败庄家一样，这些"专业人士"的业绩偶尔也会胜过耐心的个人投资者。事实上，拥有固定资产配置策略的小型投资者面对专业人士有着不可比拟的优势。你的目标是建立长期的投资策略，这样你就能够成为赌场的老板，而不是被赌场敲诈的赌客。

·总 结·

通过历史数据去研究各种资产混合搭配的投资组合市场表现是可行的。这些研究告诉我们：

1. 向债券组合中加入少量股票事实上可以在增加收益的同时略微降低风险。即使最厌恶风险的投资者也应该在投资组合中持有一些股票。

2. 向股票组合中加入少量债券会显著降低风险，而收益仅会略微减少。

3. 短期债券（期限为6个月至5年）比长期债券更适合作为“风险稀释”的工具。

4. 你需要向小型公司股票组合中加入更多债券以便能达到与大型公司股票组合相同的风险水平（例如，50/50比例的小型公司股票与债券组合和75/25比例的大型公司股票与债券组合的风险水平相同）。

5. 注意近因效应，不要过分相信那些收益率数据不足二三十年的资产。尽管外国股票和小型公司股票最近表现不佳，它们仍然应当在你的组合中占据一席之地。

6. 定期将你的投资组合调平到你的资产配置政策上来。这将增加你的长期收益并巩固你的投资理念。

| 第 5 章 |

最优资产配置

回顾一下到目前为止我们所学到的东西：

1. 很多种股票和债券的长期期望收益和风险已经被大众广泛认识。然而，在一二十年的实践中，实际的收益可能会显著地高于或低于期望收益。收益距离平均价值的“离散”程度被称为标准差（SD），标准差的数值实质上等同于风险的大小。

2. 有效的分散化投资可以在增加收益的同时降低风险。要想通过有效的分散化投资来实现利润最大化，就必须定期调平组合比例至目标值，也即“政策性配置”。从情感上讲，这通常很难实现，因为它总是要求投资者与整个市场背道而驰。

3. 无论你爱不爱这份工作，你都是一个基金经理。基金经理业绩的差异绝大部分可以通过他们的资产配置反映出来。实现有效的资产配置不仅极其重要而且也不难达到。个股选择和市场时机选择在长期中不可能取得成功；幸运的是它们几乎是毫无关系的。我们将在第 6 章讨论市场时机选择和主动式股票选择之所以会失败的原因。

4. 由于未来无法预测，我们无法提前确定最好的资产配置是怎样的。但我们的工作是去寻找一种在尽可能多的情形下都能取得相当不错业绩的资产配置。

5. 在任何情况下都能坚守住你的目标资产配置要比挑选正确的资产配置重要得多。

最优配置的计算

首先，要弄清楚当我们说“最优配置”时，我们想要表达什么。我们可能在说以下三种配置中的一个：未来的、假设的和历史的配置。你不可能知道未来的最优资产配置，否则长出翅膀飞上天空、成为湖人队的控球后卫以及赢得美国小姐选美大赛对你来说都会是小菜一碟。如果有人告诉你他知道未来的最优资产配置，那他一定在信口胡言。(如果你真的能够知道，那你就不用看这本书了。事实上你只需要为你的湾流 V 型飞机找一个出色的飞行员，载着你徜徉于你在达沃斯、棕榈泉、杰克逊霍尔和马萨葡萄园岛的别墅之间。[⊖])

假设的最优配置是指定一组收益率、标准差和相关性的数据，并根据这些数据计算出最优资产配置。

历史的最优配置，即过去最优的配置，是可以被计算出来的。这是一种有趣的练习，并且我们即将对此进行尝试，但这种方法在确定未来配置方面表现非常差劲。

我们之前已经暗示过一种方法可以用来计算历史最优配置。回想一下图 4-9 和图 4-10 中的投资组合“云图”。云图左上角的投资组合靠近有效边界，并最接近于最优配置。将历史收益用电子表格进行调

⊖ 这些都是美国的富人聚居区或度假胜地。意思是说，如果你能够预知未来的最优配置，那你不用看这本书也可以挣到巨额财富。——译者注

整直到你在相同风险水平上达到最大收益，这并非难事。事实上，大多数电子表格软件都包含有优化器工具，可以使你确定哪个组合可以在给定风险水平上带给你最高（或最低）的收益，或在给定收益水平上带给你最低的风险。这是一种“傻瓜优化器”。然而，这两种方法都太费时费力，而且不适合正式学习投资组合理论的学生使用。(可以肯定的）一点是，去研究“当资产的收益率和标准差改变时会发生什么”的问题本身就是一项浩大的工程，并且想要改变它与其他资产的相关性也是几乎不可能的。

这里有一种快捷简便的方法可以使你的投资组合最优，即均值－方差分析法，它于几十年前由哈里·马科维茨发明（为此他获得了诺贝尔奖)。使用此方法的软件叫作均值－方差优化器（MVO)。MVO会根据三个数据迅速计算出投资组合的最优配置比例。这三个数据是：①每种资产的收益率；②每种资产的标准差；③所有资产间的相关系数。

以前的MVO软件都非常昂贵，输入的数据则更昂贵。因此，我在本书的前几个版本中都花了很大工夫去讲解电子表格的使用技巧。但幸运的是，现在不再需要了，现在MVO的软件价格已经降到了100美元以下，数据则变得更容易获得。请读者在附录A中查阅相关产品和供应商的信息。

MVO的一个劣势是它没有调平功能，因为它只能对单一阶段进行计算，而调平是一个多阶段的过程。但是，无论调平与否，最优的投资组合都是不变的。此外，当有效边界被计算出来后，调平的运算就相对容易一些了。

举个例子，我们使用图 4-10 中 1970 ～ 1996 年间的 7 种资产，以及长期债券和国库券。需要输入 MVO 软件的完整数据列在表 5-1 中。

表 5-1 优化器输入数据（1970 ～ 1996 年）

	收益率（%）	标准差（%）	S&P	SM	EUR	PR	JAP	PM	20Y	5Y	TB
S&P	12.27	15.85	1.00	—	—	—	—	—	—	—	—
SM	14.15	22.93	0.71	1.00	—	—	—	—	—	—	—
EUR	13.05	20.95	0.63	0.42	1.00	—	—	—	—	—	—
PR	12.26	30.84	0.50	0.51	0.53	1.00	—	—	—	—	—
JAP	14.54	33.68	0.19	0.13	0.42	0.52	1.00	—	—	—	—
PM	13.70	42.99	−0.13	−0.09	−0.02	0.35	0.09	1.00	—	—	—
20Y	9.27	11.89	0.46	0.21	0.35	−0.04	0.06	−0.15	1.00	—	—
5Y	9.28	6.86	0.38	0.14	0.20	−0.09	−0.06	−0.09	0.92	1.00	—
TB	6.88	2.67	−0.08	0.00	−0.19	−0.19	−0.20	0.17	−0.03	−0.22	1.00

注：S&P= 标准普尔 500 指数；SM= 美国小型公司股票；EUR=MSCI- 欧洲股票；PR=MSCI- 环太平洋股票（不包括日本）；JAP=MSCI- 日本股票；PM= 贵金属股票（晨星公司目标分类）；20Y=20 年期国债；5Y=5 年期国库票据；TB=30 天期国库券。

前两列是年化收益率和标准差。紧邻其后的几列数据是 27 年中各资产彼此之间的相关系数。

将这些数据输入优化器中，本例中使用的优化器是由“高效解决”公司出品的 MVOPlus 软件。像所有的马科维茨优化器一样，该软件利用临界线技术生成了一系列“拐角投资组合”，它确定了该组数据的有效边界。让我们来看表 5-2 中的输出结果。图 5-1 显示了 MVOPlus 软件的图形输出结果。

表 5-2 拐角组合（1970 ～ 1996 年）

	1	2	3	4	5	6	7	8	9	10
S&P	—	—	—	—	—	—	—	—	—	—
SM	—	—	—	—	—	3.35%	15.39%	43.95%	45.75%	23.74%
EUR	0.29%	0.43%	0.75%	0.93%	0.96%	1.65%	0.16%	8.25%	—	—

（续）

	1	2	3	4	5	6	7	8	9	10
PR	1.76%	1.81%	1.83%	2.05%	2.04%	—	—	—	—	—
JAP	1.24%	1.35%	1.67%	2.07%	2.11%	3.82%	10.45%	23.84%	28.03%	38.66%
PM	—	—	—	—	0.04%	1.87%	9.48%	23.96%	26.22%	37.60%
20Y	4.23%	4.45%	—	—	—	—	—	—	—	—
5Y	—	—	8.56%	11.47%	11.74%	18.73%	64.52%	—	—	—
TB	92.49%	91.95%	87.20%	83.47%	83.09%	70.58%	—	—	—	—
收益率	7.35%	7.38%	7.54%	7.70%	7.72%	8.52%	12.35%	16.61%	16.83%	17.07%
标准差	2.44%	2.44%	2.46%	2.50%	2.51%	3.02%	7.80%	17.68%	18.45%	21.84%

注：S&P=标准普尔500指数；SM=美国小型公司股票；EUR=MSCI-欧洲股票；PR=MSCI-环太平洋股票（不包括日本）；JAP=MSCI-日本股票；PM=贵金属股票（晨星公司目标分类）；20Y=20年期国债；5Y=5年期国库票据；TB=30天期国库券。

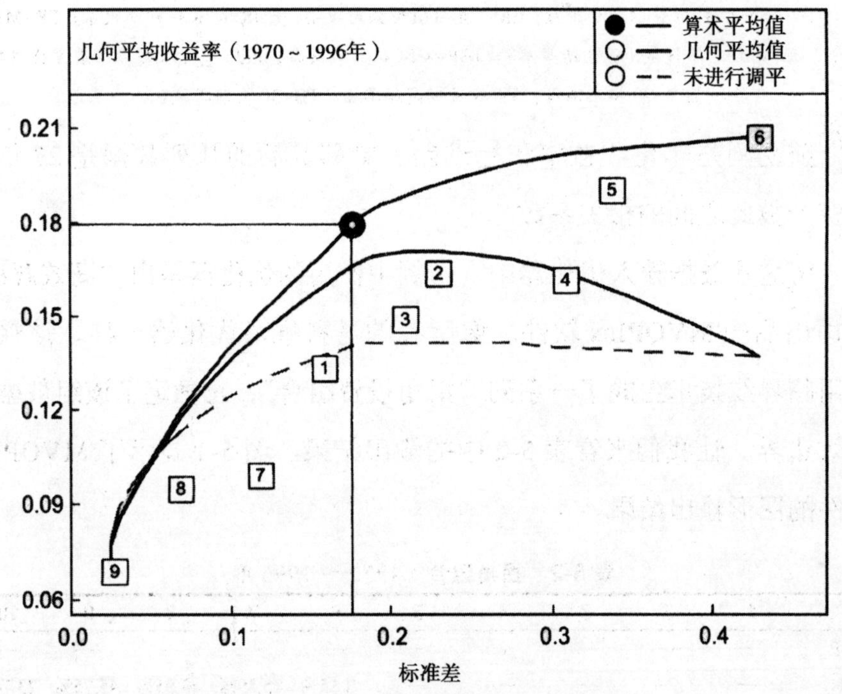

图 5-1　优化器输出结果，MVOPlus

拐角组合8	
1 标准普尔500指数	
2 美国小型公司股票	0.4395
3 EAFE欧洲股票	0.0825
4 EAFE环太平洋股票(除日本)	
5 日本股票	0.2384
6 贵金属股票	0.2396
7 20年期美国国债	
8 5年期美国国库票据	
9 美国国库券	
标准差	0.1768
算术平均值	0.1791
几何平均值	0.1661
未进行调平	0.1406

图 5-1 (续)

拐角 1 是方差最小的投资组合，也即风险最低的投资组合。注意该组合中 92.5% 是国库券，另外 7.5% 是我们通常所说的高风险资产。人们所认为的处于合理风险范围内的资产大都在拐角 7 和拐角 8 之间。组合 1 至组合 6 几乎都是由短期债券组成的，而 8 以上的组合风险都很高。组合 10 是风险最大的投资组合。

数学细节

MVOPlus 的独特之处在于它可以识别拥有最大年化收益率（几何平均收益率）的投资组合，而其他商业型优化器则会识别出拥有最高算数平均收益率的资产，而不是拥有最高几何收益率的资产。这是由于资产的算数收益率和几何收益率之间的差距大约是其自身方差的一半，即（SD）^{2}/2，这个差距叫“方差滞后”。随着我们在收益 – 风险图上向右移动，方差滞后逐渐增大直到几何收益率开始出现下降。记住，你获得的收益率是几何平均收益率，而不是算数平均收益了。

当然你的选择并不局限于拐角投资组合。如果你选择组合 7 和 8 正中间的位置，那你只需要把这两个组合的比例简单平均即可。

观察一下组合 7，它是由大约 1/3 的股票和 2/3 的 5 年期国库票据组成的。到目前为止一切都好。但注意组合中的股票部分几乎全是由美国小型公司股票、日本股票和贵金属股票组成的，这是任何一个理性人都不会选择的组合。毫无疑问这是 1970 ～ 1996 年间收益率最高的三种资产。我们遇到了最优化方法的致命缺陷：它过分偏好在最近时期拥有高收益的资产。事实上，只要稍加练习，就可以让优化器算出任何你想要的组合。将大多数资产的收益率稍作修改就可以使其在组合中占据主导地位或者彻底消失。你认为自己能够预测出你的投资组合中所有主要资产在未来的收益率吗？如果可以的话那你就真是太聪明了。总之，优化器的两条基本法则是：

- 优化器非常偏好那些历史上或假设在未来能够取得高收益的资产。
- 如果你能很好地预测优化器的输入参数进而得到未来的有效边界，那你就不需要使用优化器。

从上面的例子中可以明显看出，盲目地将历史收益率、标准差和相关系数输入优化器是很危险的。资产收益在长期有“回到均值”的趋势，在过去 10 年取得骄人收益的资产在未来 10 年中的收益很可能低于平均值。一些人据此批评说优化器其实是“错误放大器”。

为了更好地理解最优化方法的缺陷，我们来看看当一个人不假思索地将历史数据输入优化器中时会发生什么。我们将 1970 ～ 1998 年每 5 年分为一期，最后余下的 4 年作为一期。然后，我们对每 5 年期进行最优化计算，看看相比于包含均等数量的 6 种股票资产（美国大型公司股票、美国小型公司股票、欧洲股票、环太平洋股票、日本股票和贵金属股票）的“懦夫组合”，本期最优化的全股票组合在下一个 5 年期中表现究竟如何。

我们从 1970 ～ 1974 年开始。这个阶段最优化收益是由 99.8% 的贵金属股票和 0.2% 的日本股票构成的组合所产生的，年化收益率为 29.97%。将该组合用在 1975 ～ 1979 年则会产生 14.71% 的收益率，相应的“懦夫组合”收益率为 25.38%。

1975 ～ 1979 年的最优化配置为 100% 的美国小型公司股票，年化收益率为 39.81%。该组合在 1980 ～ 1984 年间事实上表现得非常出色，取得了 21.59% 的收益率，相应的“懦夫组合”收益率为 14.75%。

1980 ～ 1984 年的最优化配置为 73% 的美国小型公司股票和 27% 的贵金属股票，收益率为 21.94%。在 1985 ～ 1989 年间该组合取得了 11.83% 的收益率，相应的“懦夫组合”收益率为 24.14%。

1985 ～ 1989 年的最优化配置为 100% 的日本股票，它产生了每年 40.24% 的惊人收益。但接下来的 5 年中它的年化收益率是 -3.5%，而相应的“懦夫组合”收益率为 7.54%。

回顾一下 20 世纪 80 年代末的情况是很有帮助的。那时东京几平方英里的房地产价值就超过了整个加州的总和，我们都准备着说日语了。“100 倍市盈率对日经指数来说是不是太高了？西方人始终不明白该怎样为东京市场的股票定价。”

最后，1990 ～ 1994 年的最优化配置是 100% 的环太平洋地区股票，收益率为 15.27%。接下来的 4 年（1995 ～ 1998 年）该策略的收益率是 -3.22%，相应的“懦夫组合”收益率为 6.61%。同样地，人尽皆知亚洲四小龙在这个 10 年中将会达到美国的生活水平。

在整个 1975 ～ 1998 年中，上述五年期最优化策略将会获得 8.40% 的年化收益率，这比任何一种单一股票资产的收益都要低，并且远差于懦夫组合的 15.79% 的年化收益率。

你正在进行的历史收益最优化的过程，事实上是继承了传统投资智慧的思想。这并非巧合，市场在经历过反常的收益增长后，股价通常会以几倍于收益增长的幅度而上升。这几乎是对资产的乐观情绪不断膨胀所导致的必然结果。

我们的最优化方法将何去何从？用一位美国前总统的话来说就是，我们有“大麻烦”了。我们无法精确预测收益率、标准差和相关系数。如果我们能的话，那从一开始我们就不需要进行最优化。而且对未经加工的历史收益进行最优化就等同于踏上了通往贫民窟的不归路。

因此，别再指望从魔术黑箱中得到答案了。我们必须得在其他地方找到更清晰的资产配置策略。

更多的坏消息

有效分散化的投资组合并非免费的午餐，它并不能消除风险。经济灾难无关国界，1929 ～ 1932 年和 1973 ～ 1974 年的灾难席卷了所有市场，国与国之间只有损失大小之分。马科维茨的均值 - 方差分析法告诉我们，如果每一种资产的标准差为 20%，那两种完全不相关（零相关性）的资产构成的组合的标准差为 14.1%，四种相互无关的资产构成的组合的标准差为 10%。在现实中几乎不可能找到三种以上相互无关的资产，因此通过分散化只能降低 1/4 ～ 1/3 的风险，不要奢望更多了。

更糟糕的是，通过计算得出的资产间相关系数在一定程度上夸大了分散化的好处，因为低于平均水平收益的相关系数要高于那些高于平均水平收益的相关系数。换句话说，“负半相关”要大于“正半相关”。通俗地说就是在严重的熊市中资产收益的实际相关系数要高于理论上计算出的数值。分散化投资降低风险的作用在严重的熊市中经常会失效。学者布鲁诺·索尔尼克[⊖]精辟地说：“分散化投资在我们最需要它的时候辜负了我们。”正常时期相关性很低的全球股市在 1987 年 10 月 19 日和 1990 年的秋季损失惨重使这句话得到了完美印证。这就是为什么对投资组合简单的事后检验是对 MVO 方法的一个有价值的补充，人们可以了解给定的投资组合在熊市中的表现究竟如何。

反对国际化分散投资的一个主要观点是对主权风险的担忧，即投

⊖ 布鲁诺·索尔尼克（Bruno Solnik），法国 H.E.C. 管理学院的金融学教授。他拥有麻省理工学院（MIT）的博士学位，在加入 H.E.C. 管理学院之前，曾在斯坦福大学商学院任教。索尔尼克教授是欧洲金融协会（European Finance Association）的第一任主席，在顶尖的金融学术刊物上发表了 50 多篇论文，并于 1999 年获得投资管理和研究协会（AIMR）管理委员会颁发的著名的“尼古拉斯·莫洛多夫斯基奖”（Nicholas Molodovsky Award）。——译者注

资者的资产可能会被外国政府没收或在战乱中湮灭。回想一下第二次世界大战前，世界上主要的两大资本市场位于德国和埃及，前者在战争中被摧毁，后者在战后被国有化。拉丁美洲国家在 20 世纪中像时钟一样有规律地不停发生债务违约。长期国际投资的风险不该被低估，但正确理解长期风险的数学特征是很重要的。假设在 70 年的投资期限中，某个时刻我们的资本突然无法挽回地消失了一半。这只使我们的长期收益率降低了 1.0%。再者，尽管日本和德国的资本在第二次世界大战中损失殆尽，1945 年后的连续 40 年这两个市场都取得了惊人的收益。

另一些人辩称经济全球化使国际化分散投资失去了意义。毫无疑问我们的经济变得越来越全球化，外国资本市场发生的事件似乎瞬间就会影响到国内市场，这使很多人推测说各国市场收益的相关性将会增大，国际化分散投资的好处将会消失。这种观点十分流行以至于被人们当成了事实。幸运的是，对投资者来说，数据给出了相反的答案。例如，英国和美国市场收益的优质数据可以追溯到 1919 年。1919 ～ 1994 年这个阶段可以被均分为四个 19 年期，每一期的年化收益率的相关系数见下表：

时期	1919 ～ 1937 年	1938 ～ 1956 年	1957 ～ 1975 年	1976 ～ 1994 年
相关系数	0.66	0.26	0.74	0.18

虽然美国和英国市场的相关系数变动幅度很大，但从中并未看出存在不断上升的相关性，反而最后一期的相关系数最低。类似的，我们也可以跟踪很多国家的市场收益在 1969 ～ 1998 年之间的相关性。

总的来看，没有迹象表明相关性在不断上升。唯一的例外是欧洲市场在过去 20 年中相关性不断上升。

图 5-2 展示了 1969 ～ 1998 年间标准普尔 500 指数和 EAFE 的月度收益（三年滚动周期）之间的相关系数。在此期间相关系数的波动很大，但可以肯定的是不存在明显的上升趋势。（最后两年的相关系数的确是上升了。这可能是由 1997 ～ 1998 年间亚洲金融危机所导致的。）没有任何证据表明经济全球化会导致各国市场间的相关性上升。

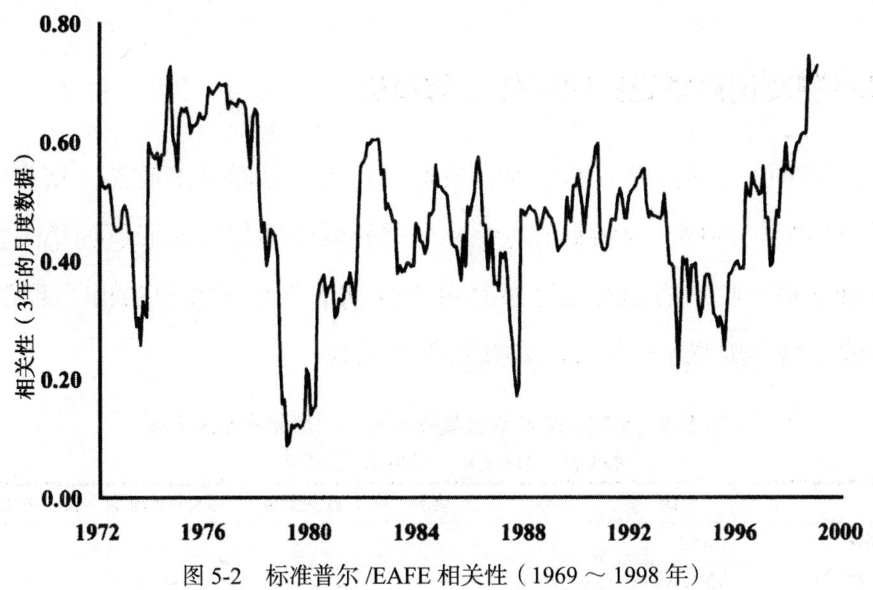

图 5-2 标准普尔 /EAFE 相关性（1969 ～ 1998 年）

也许分散化投资带来的最重要益处并不是降低风险，而是“调平红利”，即严格执行调平规则所获得的额外收益。调平带来的不只是金钱上的好处，同样也有心理上的好处。通过培养逆市而动的习惯，投资者在学会自力更生的同时也可以对市场情绪一笑置之。对市场情绪和“专家建议”的不信任是投资者最有用的工具。

另一个分散化投资组合的心理益处是，投资者对任何一个市场的敞口都是有限的：你永远不会在一种资产上赔掉你所有的家当。如果你只在新兴市场股票中投资了组合的 5% 或 10%，那这些股票偶尔无法避免的 30% 或 50% 的损失也不会使你亏损太多，而且很可能你在其他领域投资的收益会弥补在这一领域的部分甚至全部损失。更重要的是，低敞口或许会让你渴望去调平，因此选择去“抄底”。

用小型公司股票进行国际化分散投资

用国际小型公司股票进行分散化投资可以获得更多收益。观察一下表 5-3 中 1990 ～ 1998 年间大型公司股票和小型公司股票的相关性数据。每一栏中左边的数字表示两个区域大型公司股票的相关系数，右边的数字则表示小型公司股票的相关系数。

表 5-3　全球大型公司股票和小型公司股票的相关系数
（1990 ～ 1998 年，月度收益率）

	美国	日本	英国	欧洲大陆	环太平洋地区	新兴市场
美国	1.0/1.0	—	—	—	—	—
日本	0.310/0.195	1.0/1.0	—	—	—	—
英国	0.567/0.344	0.477/.419	1.0/1.0	—	—	—
欧洲大陆	0.632/0.339	0.493/0.406	0.747/0.660	1.0/1.0	—	—
环太平洋地区	0.556/0.475	0.357/0.309	0.529/0.282	0.547/0.321	1.0/1.0	—
新兴市场	0.568/0.513	0.284/0.155	0.422/0.339	0.582/0.400	0.706/0.688	1.0/1.0

注：新兴市场各国在组合中的权重相等。

资料来源：空间基金管理公司。

例如，日本和美国大型公司股票月度收益的相关系数是 0.310，小型公司股票则是 0.195。事实上，每一栏中小型公司股票的相关系数都比大型公司股票小。这个效应在美国 – 英国组和美国 – 欧洲大陆组中尤其明显，这三个国家的股票在大多数国际投资组合中都占据很高的比例。尽管每个国家的小型公司股票波动性都要高于本国的大型公司股票，但由全球的小型公司股票构成的投资组合其波动性仅比类似的由外国股票和本国大型公司股票构成的组合要略高一些。例如，DFA 公司的全球大型公司股票指数在 1990 ～ 1998 年间的标准差是 13.46%，而全球小型公司股票指数则为 14.37%。

小型公司股票真正的风险是它们的跟踪误差——它们倾向于拥有比大型公司股票低得多或高得多的收益。也就是说，购买小型公司股票有时能得到我们希望的结果，有时却正好相反。在过去的 10 年中这一点让人备受折磨，因为全球范围内大型公司股票的表现竟超过了小型公司股票，尽管在长期中小型公司股票有更高的收益。

理性的投资者会像处理外国股票与本国股票的问题一样来处理大型公司股票和小型公司股票的难题。第一，远离近因效应——别被过去 10 年里国内股票战胜外国股票或大型公司股票战胜小型公司股票的现象所蒙蔽。如果这些是事实，那未来十年很可能会出现相反的结果。第二，用大型公司股票和小型公司股票来对冲你的“赌局”的风险，就像弗雷德叔叔在外国股票和国内股票的例子中教你的那样。也就是说，你应该持有国际股票市场中的“四个关键部分”：国内大型公司股票、外国大型公司股票、国内小型公司股票和外国小型公司股票。

资产配置：三个步骤

我们总算准备好配置你的资产了。你必须依次回答以下三个问题：

（1）我想持有多少种不同的资产形式？

（2）我的投资组合保守程度如何？

（3）我愿意承担多少风险？

资产种类

你应该持有多少不同种类的资产？这就好比问“人生的意义是什么”一样让人难以回答。大多数人的回答是“三种以上”。投资组合的复杂程度各有不同，你能够持有资产的数量取决于你对投资组合复杂性的忍耐程度。关于这一点我要承认，我是一个对资产类别上瘾的人——我总是渴望拥有更多种资产，我喜欢管理着它们的感觉。如果我能管理 20 ～ 30 种资产，那就再合适不过了。

但是边际收益递减法则对资产种类同样适用。风险分摊的效果在最初的几种资产上最为明显，之后随着资产种类的增加，效果就逐渐减弱，到最后你就只是在自娱自乐了。

在这里我们将资产的复杂性划分了等级，先来看复杂性最低的一级投资组合：

一级资产组合

- 美国大型公司股票（标准普尔 500 指数）
- 美国小型公司股票（CRSP 9-10，罗素 2000 或者 Barra 600）

- 外国股票（EAFE）
- 美国短期债券

CRSP 9-10 是一种小型公司股票指数，由证券价格研究中心（CRSP）所建立。该指数包含了几乎所有的市值排在纽交所倒数 5% 的股票。事实上，该指数中大多数股票都在纳斯达克市场交易。罗素 2000 指数由罗素 3000 指数中 2000 只市值最小的股票组成。最后，Barra 600 包含了由标准普尔公司选出的 600 家最小的公司的股票用以代表小盘股。

如果你压根不喜欢投资，而且你觉得读这本书好比接受牙科手术一样痛苦，那这四种资产对你来说足够了。通过这个简单的组合，你可以获得那些极其复杂的投资组合中绝大部分的风险分摊效果。这四种资产都有对应的廉价指数基金可供购买。另外，就像我曾说过的那样，如果历史是一面镜子，那平均投资于这四种资产的投资组合将很有可能在未来数十年中战胜绝大多数投资专家。我们随后将在本章中讨论每种资产的比例该怎样分配。

二级资产组合

- 美国大型公司股票（标准普尔 500 指数）
- 美国小型公司股票（CRSP 9-10，罗素 2000 或者 Barra 600）
- 外国大型公司股票
- 新兴市场股票
- 外国小型公司股票

- 房地产投资信托（REITs）
- 美国短期债券

这个资产组合适用于那些认真对待分散化投资并希望借此获得最大化好处的人。你或许还想加入其他的资产例如贵金属股票和国际债券等。

我不打算为那些“虔诚信徒”列出三级资产组合所有可能的选择，因为这项工作实在是太长太烦琐了。但我会对此给出一些描述。股票资产不仅可以按公司规模来划分类别（大型公司股票和小型公司股票），还可以按价值型 – 成长型定位法来划分。更多有关价值投资的问题我们将在第 7 章进行讨论，但简单来说公司有两种类别——成长型和价值型。成长型公司有微软、沃尔玛和亚马逊等。这些高速成长的公司的股票以高达 35 倍市盈率的价格被出售（如果它们真有盈利的话），因为它们的利润被认为会飞速增长。价值型公司有通用汽车、凯马特和摩根大通等。这些公司的增长预期很差，因此股票价格比成长型公司要便宜得多。

现在我们可以从三个层面划分股票的类别——国籍、规模以及股票是价值型还是成长型。你很容易就能将整个世界分成 10 个不同的区域，每个区域中都有大型公司股票和小型公司股票，也都有价值型股票和成长型股票。这就已经有 40 个种类了。这还不包括股票所属的部门（REITs、贵金属、自然资源、公用事业等）或各国债券等。并非所有种类都能在市场上购买到，但的确有很多种是可以的。例如，如果你愿意的话，新兴市场的小型公司股票基金就相对容易买到。你还可以做得更多，比如购买单个国家的基金，或甚至在美国交易所中以美国存托凭证（ADRs）的形式购买外国私人公司。

如果你并非真心喜欢投资，而且你也没有时间和耐心去处理复杂的投资组合，我不建议你选择三级资产组合。

你有多么不寻常

我们从一级资产组合说起。假设你是少数的能够接受 100% 股票投资组合的人，你就不需要列出全部四种资产，你只需要前三种就够了。你该怎样在美国大型公司股票、美国小型公司股票和外国股票中分配你的投资呢？历史经验告诉我们，小型公司股票比大型公司股票和外国股票有着更高的收益，但风险也更高。为何不简单地选择“懦夫组合”去将投资均分于这三种资产中呢？

事实上这并非不理性的决策，而且长期来看，该组合的表现会非常出色。然而，要记住无论我们是否愿意，美国大型公司股票都等同于“市场”。无论理性与否，所有人都将自己的收益与“市场”这一指标去比较，该指标通常指标准普尔 500 指数。

有时，这种“均等配置”的组合的表现会与市场基准指标完全不同。因此，让我们来看一种与之十分类似的并被机构投资者广泛使用的投资组合——60% 的美国大型公司股票与 20% 的美国小型公司股票和 20% 的外国股票（“保守型”投资组合），期限是从 1969 年起的连续六个 5 年期。表 5-4 中展示了组合的比例和收益率。

表 5-4 各种股票组合的跟踪误差（1969 ～ 1998 年）

	均等配置组合		“保守型”投资组合
标准普尔 500 指数	33.33%		60%
美国小型公司股票	33.33%		20%
外国股票	33.33%		20%
	标准普尔 500 指数	**均等配置组合**	**“保守型”投资组合**
1969 ～ 1973	2.02%	**−1.99%**	−0.34%
1974 ～ 1978	4.33%	13.68%	10.01%
1979 ～ 1983	17.27%	18.84%	18.23%
1984 ～ 1988	15.39%	19.57%	17.93%
1989 ～ 1993	14.51%	**10.48%**	12.19%
1994 ～ 1998	24.06%	**15.91%**	19.21%
1969 ～ 1998	12.67%	12.50%	12.66%

首先，注意三种资产的长期收益率（表格最后一行）是非常接近的。同时也注意懦夫组合在 1969 ～ 1973 年和 1989 ～ 1993 年间比标准普尔 500 的年收益率要低 4%，在最后一个 5 年期中要低 8%。（见表格中加粗的数字。）“保守型”投资组合的收益率仅小幅度落后于标准普尔 500 指数。

尽管高度分散化的投资组合长期收益率与保守型的投资组合是一样的，但短期中前者的表现有时会远差于后者。这种临时的落后表现会多大程度困扰你？你大概都已经买了一些小型公司股票和外国股票，它们近期的落后表现对你有多大影响？如果答案是困扰很大，那你应该选择美国大型公司股票比例更大的投资组合。相反，如果你能忍受这种“跟踪误差”，那拥有更高比例小型公司股票和外国股票的激进型组合或许更适合你。

当我们转向更复杂的投资组合时，这种跟踪误差就更明显了，你对其的忍耐程度也变得越发重要。我们在第 4 章中提到，自从 1990

年以来，国际小型公司股票的收益率比标准普尔 500 平均每年落后 19%，尽管再往前推 30 年它们的表现一直很出色。事实上，你组合中的资产越独特，你的跟踪误差准确性就越高。要记住，跟踪误差并非意味着低收益，而是指你的组合会与其他人的组合表现差异很大，并且经常会暂时地比其他人的组合表现差劲。

风险承受度

资产配置的第三步是到目前为止最简单的。你已经完成了最困难的一步——决定所使用股票的种类以及每种股票所占的比例。现在你需要做的是决定整个组合中股票与债券的比例。在本书第一版中，我建议激进型投资者可以选择 100% 股票的组合。原因是尽管股票比债券风险要大不少，但是历史上股票收益率比债券要高几个百分点。然而，在新世纪到来时，未来 10 年中股票收益率似乎最多也只会比债券略高。第 2 章中提到过，标准普尔 500 指数当前的收益率是 1.3%，历史上的实际收益率（经通胀调整后）只有每年 2%（在第 2 章中讨论过，见图 2-12）。一些人很难相信股市的长期收益率只有每年 2%，但这的确是事实。1920 年道琼斯工业平均指数的每股收益是 9.12 美元，1998 年则为 378.06 美元，按复利计算年收益率只有 4.89%。同期的通胀率是 2.87%，因此，实际收益率，即以上两个百分比的差值，几乎正好是 2%。（股利增长更为缓慢，经通胀调整后大约为每年 1.5%。）将这些数字加总起来得到股票的实际期望收益率不足 3.5%。现在考虑一下目前收益率为 6% 的国债，当前通胀率为 1.6%，因此实际收益率为

4.4%。如果你担心通胀率上升会抵消一部分收益，你可以购买通胀保值债券（TIPS）来获得政府担保的 4.1% 的实际收益率。换句话说，在未来数十年中，股票收益事实上很可能比债券收益要低。

因此，我建议即使最激进的投资者也应持有 25% 左右的债券，中等激进的投资者持有 50/50 比例的股票和债券，保守的投资者持有 30% 的股票和 70% 的债券。

重申一下，你的投资组合的激进程度表现为整个组合中股票与债券的比例，而并非你持有哪几种股票，因为各种股票在风险水平上是相似的。

麦当娜的投资组合

让我们再看几个关于这个流程的例子。假设你是一个大胆的投资者，并且已经回答了前面的 3 个问题，你的答案如下：

（1）复杂性：中等（二级资产组合再加上贵金属股票）。

（2）保守性：低。你认为你可以忍受大量的跟踪误差。只要长期收益是合理的，你并不介意你的投资组合在 10 年内的表现差于标准普尔 500 指数。

（3）风险承受度：高。你可以毫不畏惧地承受投资组合中较大的亏损。

符合你的条件的投资组合可以是这样的：

- 10% 的标准普尔 500 指数成分股
- 10% 的美国小型公司股票

- 10% 的 REITs
- 10% 的国际大型公司股票
- 10% 的国际小型公司股票
- 10% 的新兴市场股票
- 10% 的贵金属股票
- 30% 的美国短期债券

这个组合差不多被均等分为了美国国内股与国外股、大型公司股票与小型公司股票。这样的组合是相当不传统的，它的收益率在很多年中无论为正为负都与标准普尔 500 指数相当不同。另一方面，它的长期收益很高。我们在组合中持有一定数量的债券，这是因为由股利贴现模型可知未来的股票收益不会比债券高太多。这个组合并不适用于所有人，我只推荐给那些意志最坚定和最善于独立思考的人。

差距组合

让我们给那 3 个问题换一个略微不同的答案。

（1）复杂性：高。我们不介意持有太多种类的资产。

（2）保守性：高。我们需要足够高的分散化程度和收益率，同时希望将跟踪误差降低到最小。

（3）风险承受度：低。我们不愿使资产净值的亏损超过 6%。

以下的投资组合选取自空间基金管理公司（DFA）的“适度均衡”策略，拥有低到中等的风险。这个股票与债券比例为 40/60 的组合可以在 DFA 公司购买，详细内容我们将在第 8 章讨论。该组合的配置比例如下：

- 8% 的美国大市值成长股
- 8% 的美国大市值价值股
- 4% 的美国小市值成长股
- 4% 的美国小市值价值股
- 4% 的 REITs
- 4% 的国际大市值价值股
- 2% 的国际小市值成长股
- 2% 的国际小市值价值股
- 1.2% 的新兴市场大市值成长股
- 1.2% 的新兴市场大市值价值股
- 1.6% 的新兴市场小市值成长股
- 15% 的 1 年期公司债券
- 15% 的 2 年期国际债券
- 15% 的 5 年期美国政府债券
- 15% 的 5 年期国际债券

第一，这个有着超过 15 种资产的组合复杂程度应该满足所有人的需要了，当然投资组合的狂热痴迷者除外。第二，这个组合相当传统，组合中美国国内股票与国外股票的份额之比为 28/12，并且大型公司股票比例要远高于小型公司股票。该组合提供了足够的安全性和分散化程度，但它的收益率很少会比 40/60 比例的标准普尔和国库券构成的组合要高出 6%。

现在你应该已经了解资产配置的操作过程了。首先，确定你将持有多少种不同的股票和债券资产。增加组合中资产的数量将会增大分散化的效果，同时也会增大工作负担和跟踪误差，差距组合通过重仓大型公司股票和美国国内股避开了这个问题。

其次，决定你可以承受多大的跟踪误差。如果你不能承受太大的跟踪误差，那就将你的组合中外国股和小型公司股票的比例保持在低位。

最后，根据你对风险的承受能力来调整组合中股票与债券的比例。股票比例可以在最激进的 75% 和最保守的 25% 之间变动。

到此为止我们对投资组合分析的研究已经相当学术化了——我们还尚未涉足真正的投资。在第 6 章和第 7 章中我们将要研究真正的市场运行过程与理论的细微差别，在第 8 章中我们将会探讨更具体的细节问题来充实我们的资产配置计划。

·总　结·

1. 任何技术都不可能预测未来最优的投资组合。

2. 在长期中，充分分散化的国际大型公司股票和小型公司股票构成的组合有着令人满意的收益 - 风险特征。

3. 准确的资产配置比例取决于三个因素：对标准普尔 500 指数的跟踪误差的容忍度，希望持有的资产种类数目，以及对风险的承受能力。

| 第 6 章 |

市场有效性

无论投资者拥有多少资金，都可以分为两种：一种是不知道市场走势的人，另一种是虽然不知道但却以为他们自己知道的人。所有市场的投资者都是如此，无论是股票、债券、路易十四扶手椅还是五花肉市场。另外，事实上还存在着第三种类型的投资者——专业投资者，他们很清楚自己对市场走势一无所知，但他们却要不懂装懂地来维持生计。

从直觉来看挑选股票应该是一种技能。只要有足够的智商、训练、经验和努力，任何人都可以战胜市场。

然而，西方文化的主要特点在于对科学方法的依赖。简单来说，就是所有理性的信念都应该是可以被检验的。以棒球击球员为例，你认为存在“击球技巧”这一说吗？这个问题问起来似乎很无趣，但却很容易用检验来探究。

用击球作类比可以迫使我们对技巧的统计学本质进行思考。也许用一个词可以最好地定义它——业绩持续性。假设棒球选手的平均击球率为 0.260。对于上一年中击球率为 0.300 的球手，如果没有击球技巧这一说，那今年他们的表现应该仅仅为平均值，即 0.260。当然，一年中击球率为 0.300 的球手群体在下一年中往往会取得同样出色的成绩，这就打消了人们对其击球靠运气而非技术的质疑。有趣的是，当曝光在统计学检验中时，很多认为运动员拥有过人技术的看法就不成立了。其中一个例子是篮球比赛中的“投篮好手”现象。将球传给手感好的投手是历史悠久的比赛策略，但近期命中率高的投手通常不大可能在未来继续保持良好势头。也就是说，这样的出色表现是不可持续的。这种现象在金融界十分盛行，它凸显了人性的缺点，即倾向于从原本无规律的现象中无中生有地创造规律。

从 30 年前开始，类似的方法开始被应用在基金经理身上。研究发现，现实中并不存在所谓的选股技巧。迈克尔·詹森于 1968 年在《金融杂志》上第一次提出了这个观点，在这篇里程碑式的论文中，他研究了 1945 ~ 1964 年的 20 年中共同基金的表现，并未发现基金业绩存在持续性的证据。一般来说，上一年中的明星基金经理在第二年都业绩平平。从这以后，人们对基金经理的业绩表现做了大量详细分析，结论是惊人的。许多研究发现存在微小的业绩持续性，但持续性的效果太微弱了，以至于在支付过基金管理费之后你的收益尚不及市场表现。此外，业绩持续性通常仅存在于短期中（少于一年），在长期中并不存在。

我们来看一看相关数据。一项由位于加州圣莫妮卡市的投资机构“空间基金管理公司”所做的研究回顾了 1970 年 1 月～ 1998 年 6 月的基金市场表现。他们研究了 30 家最顶尖的分散化共同基金连续 5 年期及滞后期的表现，研究结果见表 6-1。在每个例子中，第一期表现卓越的基金在随后一期的表现都要差于标准普尔 500 指数。总共五个时间段中，有两个时间段它们的表现甚至不如同类。

表 6-1　表现卓越的基金的连续表现（1970 ～ 1998 年）

	1970 ～ 1974 年的收益率（%）	1975 ～ 1998 年的收益率（%）
表现最好的 30 只基金（1970 ～ 1974 年）	0.78	16.05
所有基金	−6.12	16.38
标准普尔 500 指数	−2.35	17.04
	1975 ～ 1979 年的收益率（%）	**1980 ～ 1998 年的收益率（%）**
表现最好的 30 只基金（1975 ～ 1979 年）	35.70	15.78
所有基金	20.44	15.28
标准普尔 500 指数	14.76	17.67
	1980 ～ 1984 年的收益率（%）	**1985 ～ 1998 年的收益率（%）**
表现最好的 30 只基金（1980 ～ 1984 年）	22.51	16.01
所有基金	14.83	15.59
标准普尔 500 指数	14.76	18.76
	1985 ～ 1989 年的收益率（%）	**1990 ～ 1998 年的收益率（%）**
表现最好的 30 只基金（1985 ～ 1989 年）	22.08	16.24
所有基金	16.40	15.28
标准普尔 500 指数	20.41	17.81
	1990 ～ 1994 年的收益率（%）	**1995 ～ 1998 年的收益率（%）**
表现最好的 30 只基金（1990 ～ 1994 年）	18.94	21.28
所有基金	9.39	24.60
标准普尔 500 指数	8.69	32.18

资料来源：空间基金管理公司、Micropal、标准普尔公司。

这看起来像是技艺精湛的基金经理的市场表现吗？非也。我们正在看的像是一群大猩猩在向股票名录上投飞镖。它们“成功”和“失败”的概率完全是随机的。最成功的基金经理会被《纽约时报》货币专栏的主持人采访，他们管理的资产不断膨胀，媒体上洋溢着股东们对他们的赞美之词。

然而，随着时光流逝，这些人终究无法违背机会法则。于是，成百上千的投资者发现，曾经管理他们基金的英俊王子最终变成了毛猴。事实上，由于基金中资金不合逻辑的流向，很少有投资者能真正获得“顶尖”基金早期惊人的收益。最糟糕的是，由于市场冲击成本（本章随后要介绍）的存在，大量资金的流入降低了基金的未来收益。这些早期的高收益不可避免地吸引了大量投资者，但他们最终都只能得到平均收益，这还算是幸运的。

数学细节

怎样对“技术”进行统计学检验

对投资技巧的统计学检验的详细解释超出了本书范围，但简单的说明是有必要的。我们使用平均击球率为 0.260 的例子，任何年份中击球手击球的标准差是 0.020。换言之，击球率为 0.300 的球员要比平均水平高出两个标准差 [（0.300−0.260）/0.020]。如果一个球员在 10 个赛季中的平均击球率为 0.280，能否说他技艺娴熟呢？拥有 0.020 的年标准差的随机表现的球员在 10 年中的“标准误差”是 $0.020/\sqrt{10}=0.0063$。换言之，在不确定的世界中，每年 0.020 的标准差换算成 10 年期的标准差就是 0.0063。球员表现与平均水平的差值是 0.020，再除以 0.0063 的标准误就得到了“z 值”为 3.17。由于我们讨论的是 10 年期的表现，这里存在 9 个“自由度”。z 值和自由度被用在电子表格的“t 分布公式”中，算出 p 值为 0.011。也就是说，当击球结果完全随机时，有 1.1% 的概率使球员在 10 个赛季中的平均击球率为 0.280。

判断击球手是否有技术还取决于我们观察他时选用的是“抽样调查法”还是“非抽样调查法”。抽样调查法是指我们在击球后根据球员各自的表现从大量球员中（比如他的队友们）把符合标准的球员选出来。这种情况下该球员很可能是没有技术的，因为 30 个人中有一个人达到标准并不是不正常的事情。另一方面，如果该球员是通过“非抽样调查法”被选出，即在击球前随机选出的一名球员击球达到了标准，那该球员很可能是有技术的，因为我们只选了一次就选到了只有 1.1% 概率发生的事件。评估基金经理的表现要用到一些略微复杂的公式。你需要极其谨慎地区分“抽样调查法”和“非抽样调查法”的区别。当你从 500 名基金经理中选出业绩最佳的一个，并算出他的 p 值为 0.001 时，你不必为之惊讶。然而，如果你随机选出一个基金经理，之后的事实证明他的 p 值为 0.001，那这个基金经理很可能就是有技术的。

从 α 人到猿人[⊖]

罗伯特·萨博恩是题目“从 α 人到猿人”的反转过程的最好例证之一。萨博恩先生运营着奥克马克基金公司，是毋庸置疑的超级明星基金经理。从 1991 年起他进入该行业一直到 1998 年底，奥克马克基金的年收益率是 24.91%，而同期的标准普尔 500 指数收益率仅为

⊖ α 值是代表证券收益率超出风险 – 收益模型所预测水平的超额收益率。α 人表示具有超额收益的投资人。——译者注

19.56%。1992 年，他甚至取得了不可思议的超出标准普尔 500 指数 41.28% 的业绩。从任何统计学方法来看，萨博恩先生的业绩都不是单纯靠运气获得的。

然而，当我们研究每一年中该基金的业绩和资产规模时，情况发生了变化。表 6-2 中第一行记录了奥克马克基金相对于标准普尔 500 指数的超额收益率，第二行记录了基金的资产规模。

表 6-2　奥克马克基金业绩与资产规模

年份	1992	1993	1994	1995	1996	1997	1998
基金相对于标准普尔 500 指数的超额收益率	41.30%	20.40%	2.00%	−3.10%	−6.70%	−0.80%	−24.90%
资产规模（百万美元）	328	1214	1626	3301	4194	7301	7667

从表 6-2 中我们看到了一个再熟悉不过的现象。投资者唯业绩是图，结果导致越来越多的投资者得到了越来越少的收益。把基金收益按资产加权，我们发现由于大多数人都是在高收益发生后才一窝蜂地抢购基金，这事实上使投资者每年的基金业绩平均比标准普尔差 7.55%。

为萨博恩先生辩护一句，客观地说用标准普尔 500 指数的跟踪误差来度量价值型基金经理的业绩是不合理的。通过计算基金的阿尔法值（α 值）可以避免这个问题。阿尔法值是指考虑到市场敞口、公司规模中位数和价值导向之后基金经理所取得的超额收益率，它可以用众所周知的回归分析法（大多数电子表格软件中都有此功能）求出。在该方法中基金经理月度或季度的收益率与各种市场影响因素的收益率列在一起，基金经理的收益率与其他影响因素共同构成了反映基金经理业绩的个性化指标。阿尔法值是基金的业绩与回归所选择的基准指标之间的差额，度量了基金业绩的好坏。它与收益率一样，都是以百分比形式按年计算，可正可负。例如，如果一个基金经理的阿尔法值为每年 -4%，这意味着该经理的业绩比回归所选择的基准指标每年低 4%。奥克马克基金前 29 个月的阿尔法值非常惊人，并且在统计学上是显著的，p 值为 0.0004。这意味着该基金在前 29 个月中靠运气取得骄人业绩的可能性只有不到 1/2000。该基金在后 29 个月中的表现同样惊人，只可惜方向错了。

我对以上数据的理解是，萨博恩先生的技术是“中等的”。这里的“中等”并无贬义，因为 99% 的基金经理根本没有技术可言。然而，就连这点技术也被“市场成本拖拽效应”(将在下一节中详细介绍)吞没了，即管理数十亿美元的新资产，过分追求高股价，结果最终收益反而降低。

以上的叙述所传达的信息很明确。人类的本性是在毫无规律的现象中创造规律，在更多靠运气的时候去寻找技术（尤其当你就是那个幸运的基金经理时）。但成功的或幸运的基金往往为它们自己埋下了毁灭的种子，所以躲开它们吧。

为什么基金经理们表现如此差劲

基金经理的业绩不可持续并且选股策略的收益为零。事实本就是如此。正是这些人组成了整个市场，因此不可能所有人的表现都比市场平均水平要高。乌比冈湖效应[⊖]中的孩子们都处在平均水平之上，遗憾的是华尔街并非如此。

煞费苦心的基金筛选过程得到的结果实质上是随机选取的结果，这是一个不好的消息。更坏的消息是这类主动型管理的基金通常都非常昂贵。基金运营当然会产生成本，但遗憾的是，即使消息最灵通的基金投资者通常也不知道成本到底有多大。

大多数投资者认为，公布在募集说明书和年报中的基金费用比率（expense ratio，ER）就是他们持有基金的全部成本。错，费用比率仅仅包含基金咨询费（基金经理的报酬）和管理费用，而在此之外还有三类更深层的费用。第一层费用是交易佣金，它并不包括在费用比率中，但自 1996 年起 SEC（美国证券交易委员会）就已经要求向投资者公开此数据了。但是，它的表述方式过于模糊，以至于如果你没有会计学位的话就根本无法算出它到底使你损失了多少收益。

第二层费用是交易股票时的买卖价差。股票总是以略高于卖出价的价格被买入，从而做市商从中赚取利润。“价差”对最大型、流动性最好的公司来说大概是 0.4%，并会随着公司规模的减小而增大。对最小的公司来说，价差可能会高达 10%。外国股票的价差在 1% ～ 4% 之间。举例来说，在 2000 年 4 月 12 日股市收盘时，微软的买入价（投资者卖出股票的价格）报价为 80.125 美元，卖出价（投资者买入股票的价格）为 80.25 美元，中间相差的 0.125 美元即为价差。微软是

⊖ 乌比冈湖效应源自盖瑞森·凯勒笔下虚构的草原小镇。这个心理学效应是说大多数人都认为自己高于平均水平，但事实上不可能。这里比喻市场的投资者获得超额收益的可能性很小。——译者注

世界上交易量最大的股票之一，因此它的买卖价差仅占股价的 0.15%。相比之下，一家名叫 Officeland 的处理二手打印机的小公司按 0.65 美元 /0.70 美元的买入 / 卖出价交易，其买卖价差为 7.7%。

最后一层费用（所谓的“市场冲击成本”）是最难估算的。市场冲击成本存在于大量股票被交易的时刻。试想一下你拥有一家价值 2000 万美元的上市公司的一半股票，现在你急需现金，需要立刻出手你所有的股票。你造成的巨大卖盘压力会使股价暴跌，这使你卖出的最后一股股票的价格要远低于你卖出的第一股股票。当一个投资者决定迅速收购你公司的大量股票时，就刚好反过来。

冲击成本对只少量购买个别公司股票的小型投资者来说不是问题，但它确实会令大型基金公司头疼。很明显，冲击成本取决于基金的规模、被投资公司的规模以及总交易量的大小，通常假设该成本近似等同于买卖价差。

基金成本的四个层面

- 费用比率
- 佣金
- 买卖价差
- 市场冲击成本

总之，这四个层面的费用对大市值基金来说是最少的，小市值公司股票和外国股票基金费用适中，新兴市场基金的费用最高。表 6-3 反映了它们各自的费用比率（简称费率）。

表 6-3 主动式基金的费用

	大市值基金	小市值基金和外国股票基金	新兴市场基金
费率	1.30%	1.60%	2.00%
佣金	0.30%	0.50%	1.00%
买卖价差	0.30%	1.00%	3.00%
冲击成本	0.30%	1.00%	3.00%
总计	2.20%	4.10%	9.00%

回想一下1926～1998年间大型公司股票的年化收益率是11.22%，但令人痛心的是作为基金投资者实际上却得不到这么多。你必须在收益中扣除所有投资的支出。

现在问题变得清晰了。表6-3最底端的一行展示了持有主动型管理基金的真实成本。客观地说，这有点夸张了。花在研究和分析上的钱并不能算亏损，这些研究会增加收益，但收益总是不及花费的多。第一行的“费率”中有多少花在了研究上？幸运的话大概有一半。因此如果一般股票的长期收益率为11%，那主动型管理将会使大市值基金亏损1.5%，使外国股票基金或小市值基金亏损3.3%，使新兴市场基金亏损8%，最终分别给予你9.5%、7.7%和3%的收益。这并不算好买卖。

近年来共同基金的高收益在很多领域掩盖了其巨大的成本，使其受到投资者的广泛青睐。例外出现在新兴市场基金领域，该领域资产低迷的收益和高昂的费用已经使大量投资者争相逃离。

案例分析：1月效应

投资中一个最讽刺的现象是，随手可得的财务信息事实上正是证券分析失败的原因。在《1933 年证券法》规定公司须定期披露业绩表现之前，甚至连公司最基础的财务信息都是严格保密的。当本杰明·格雷厄姆还在编写《证券分析》第 1 版时，一个确定公司收入和利润的简单行为，都需要分析师亲自乘坐一两天的火车到公司去，甜言蜜语地向秘书套出相关信息，同时还要提防公司老板警惕的目光。这样的行动通常会得到丰厚的回报。

在信息时代，只要你有电脑并能上网，公司任何方面的财务信息都触手可得。由于任何人都可以获得这些信息，信息瞬间就反映在股价之中了，因此从中并不能获得超额利润。

一个解释该过程如何进行的极好的例子是"1 月效应"。1 月效应是这样的：

- 小型公司股票的高风险决定了它们有着比大型公司股票更高的收益。
- 数十年来几乎所有的这类超额收益都产生于 1 月。

在表 6-4 中，伊博森公司研究得出，对最小型的股票来说，1 月的超额收益率事实上要比全年的收益率还高。伊博森公司将美国国内股票按其在纽交所中市值的大小划分成 10 个等份，并计算了 1926 ～ 1994 年间每个等份相对于市值最大的那一等份的超额收益率。

表 6-4　各等分相对于市值最大的等份的超额收益率

等分	1 月	全年
2	1.10%	1.49%
3	1.47%	2.04%
4	1.76%	2.33%

(续)

等分	1月	全年
5	2.84%	3.14%
6	3.29%	3.06%
7	3.86%	3.24%
8	5.20%	3.86%
9	6.86%	4.54%
10	10.28%	7.82%

资料来源:《股票、债券、票据和通货膨胀》,1995 年度报告,伊博森公司。

小型公司股票在 1 月获得超额收益的确切原因尚不知晓,但对此的猜测却有很多。其中我最喜欢的一个猜测是在年底抛售股票使浮动亏损变现,从而规避税收,但问题并非如此简单。很多应用型书籍整本都在讨论“难以置信的 1 月效应”,同时这也是多年来在年底缺乏素材的财经作家们所一直热衷的话题。

然而,1 月效应存在两个根本性的问题。第一个问题是,在每个等份中 1 月效应的幅度都近似等于股票的买卖价差。例如,最小型的股票(第 10 等份)在 1 月的超额收益率是 10.28%。为了获得该收益,你需要在上一年的 12 月 31 日买入股票,并在当年 1 月 31 日售出。但是由于卖出价(投资者买入股票的价格)要比买入价(投资者卖出股票的价格)高 10%,你其实赚不到利润。换言之,简单的一买一卖抵消了你的利润。因此,如果你想获得 1 月效应的超额收益,你必须持有小型公司股票很多年才行。

第二个问题是,1 月效应已经不存在了。图 6-1 显示了小型公司股票 10 年期滚动平均的超额收益率,其中超额收益率为 1 月的 CRSP 9-10 指数收益率与标准普尔 500 指数收益率的差值。可以看出,1 月效应已经变得不显著了。即使存在盈利性投资策略，它也不会持久。原因之一是这些策略一经发现就立即被投资机构执行，从而推高了股价，最终轧平了超额收益。

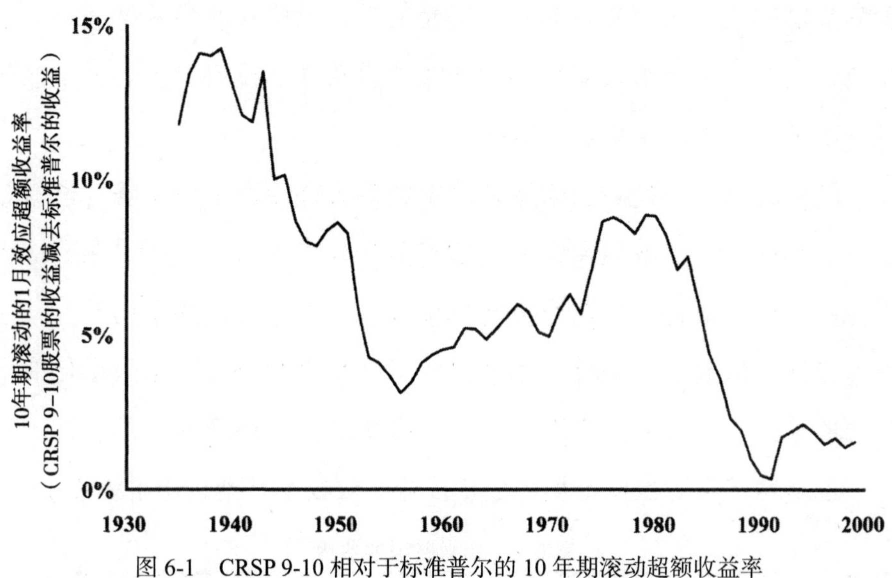

图 6-1 CRSP 9-10 相对于标准普尔的 10 年期滚动超额收益率

指数化解决方案

基金经理、作家和金融界元老查尔斯·埃利斯在 30 年前得到了能够证明基金经理缺乏职业技能的第一手数据，这些数据令他越发地感到不安。他心想："这种情况我在其他地方也见过。"作为一个狂热的网球爱好者，他发现大多数业余爱好者赢球的关键并不在于技术有多好，而仅仅在于能否谨慎小心避免失误。1972 年埃利斯写了一篇著名的文章《输家的游戏》发表在《金融分析师》杂志上，在文中他将专业投资和业余网球进行了对比。在业余网球比赛中获胜的人通常是那些仅会用最基本的动作把球打回去的人，与此类似，那些仅仅购买并持有充分分散化投资组合的投资者总会盈利。这类投资者总是最终走向巅峰的人。这篇文章所表达的含义是，无论是业余网球还是专业投资，成功的关键都是避免损失而非追求获胜。投资时最容易失败的例子就是频繁交易导致成本高企。

最彻底的规避损失的策略是简单地买入并持有整个市场，也就是说，指数化。这样做的原因从之前对基金成本的讨论中可以明显地得出。既然频繁地分析和调整你的投资组合会产生高昂的费用并且几乎没有任何超额收益，为什么不通过购买并持有整个市场来最小化四个层面的费用呢？表 6-5 列出了指数化投资的四个层面的费用，其中最后一行展示了主动型投资和指数化投资的收益率在理论上的差距。

表 6-5　指数基金的费用

	大市值基金	小市值基金和外国股票基金	新兴市场基金
费率	0.18%	0.20%	0.57%
佣金	0.01%	0.10%	0.10%
买卖价差	0.02%	0.15%	0.40%
冲击成本	0.02%	0.15%	0.40%
总计	0.23%	0.60%	1.47%
主动式基金的总费用	2.20%	4.10%	9.00%
指数基金的优势	**1.97%**	**3.50%**	**7.53%**

再强调一下，这张表反映的只是理论上的优势，因为至少会有一些主动型基金将花费用在研究上，而研究是可以产生利润的。但要记住研究产生的收益几乎从来都不及花费的多，而且主动型基金花在研究上的钱只占其四个层面费用中很小一部分。最根本的问题是，研究

费用会导致成交量的变动，进而通过佣金、价差和冲击成本来增加总花费。

数学细节

主动型基金经理的平均随机散布收益在任何一年中都有 8% 的标准差，但在 n 年中（n 是年数）标准差会以 $\sqrt{n}$ 的倍数减小。换言之，在 4 年期中收益的标准差减小一半，25 年期中则减少 80%。因此，在 25 年期中，基金业绩的标准差为 8%/5=1.6%。

我们看到主动型基金经理每年平均要亏损 1% ～ 8%。由于主动型基金的标准差，或者说年收益的“离散程度”在任何年份都为 8%，几个百分点的亏损或许不算什么。巨大的亏损在多年之后才显现出来，因为 25 年期收益的标准差只有 1.6%（见数学细节）。

对于大市值基金，这意味着指数型基金将会带来 1.6% 的额外收益，也即一个标准差的超额收益，即指数型基金会击败 84% 的主动型基金。拥有 3.2% 优势的小市值基金或外国股票的指数型基金在 25 年中将会击败 97% 的主动型基金。拥有更高几个百分点的新兴市场指数型基金将会击败所有同类的主动型基金。

遗憾的是真实世界并没有这么简单，研究真实的数据才是有意义的。我们将用晨星公司的 Principia 数据库来对比指数型基金和主动型基金的市场表现。首先介绍一下这个非常棒的软件。晨星公司是小型投资者和机构投资者最大的基金数据供应商。它的印刷出版物是最有名的，在各大图书馆均可获得，但我强烈推荐的是它的 Principia 软件包。这个软件包收录了大约 11 000 只基金的月度收益数据，更重要的是，它还包括基准指数的数据。这就使你有了无数种方法可以计算、展示并作图描述基金的排名和表现，甚至可以通过基金和资产所对应的指数来计算它们的相关性。该软件同样包含了大量关于定价和基金运营的其他信息，我的研究很大一部分都依赖于这个软件。

对于初学者，很重要的一点是要知道怎样为我们的主动型基金寻找基准指数并将二者进行对比。早期的研究将所有股票型基金笼统地归为一类，这并非最优方法，应该将相似的事物在一起对比。例如，在过去的数年中，大市值基金的成长股票（比如麦当劳、微软和沃尔玛）的表现最为强劲。将小市值基金或外国股票基金和包含大量上述股票的一般基金做对比，或者和标准普尔 500 指数做对比都是不公平的。Principia 针对此问题采用了一个非常有效的方法。它将美国国内的股票型基金按规模和价值导向分为了 3 × 3 的矩阵。它将基金按所投资公司的规模分成小型、中型和大型，并将基金分为价值型、成长型和混合型（价值型与成长型各一半）三类。这样就组成了九种类别，从而可以公平地对基金表现进行比较。

让我们从指数型基金的鼻祖——先锋 500 指数基金开始。不出意外的话它将在明年成为全球最大的共同基金。截止到 1998 年 12 月的 15 年里，它排到了晨星公司“大盘混合型”类别中的前 8%，这意味着它击败了 92% 的同行。这个业绩事实上要好于我们之前所说的有着 8% 标准差且拥有 1.5% 费用优势的主动型基金（$\sqrt{15} \times 1.5/8 = 0.73SD$，即比均值高出 0.73 个标准差，也即前 23%）。我们马上就介绍原因。

数学细节

终极基准指标

如果你真决定为基金找寻基准点，也为了寻找技术存在的证据，你可以为基金收益建立三因素回归模型。该方法由麻省理工学院的肯·弗伦奇和芝加哥大学的尤金·法玛创立，方法是这样的，首先从整个股票市场的月度收益开始，同时还包括小型公司股票和外国股票月度收益的贡献。然后将你要研究的基金或基金经理的月度收益与这 3 个指标放在一起，建立回归模型。这种统计方法在大多数电子表格软件中都可以使用，它可以计算出最符合基金经理收益的 3 个指标的数值，并产生大量输出数据。其中最重要的是剩余回报（回归方程的截距），也叫阿尔法值。阿尔法值是在排除掉市场风险、规模和价值后所剩余的回报。对大多数基金经理来说阿尔法都为负值。输出数据同样包含了阿尔法值的显著程度，这可以解释回归结果有多大的偶然性（较低的 p 值表明存在技巧性或缺乏技巧性，具体哪一种取决于 p 值的正负）。它同样计算出了那些沿着规模大小和价值增长坐标轴分布的投资组合的实际表现。这种方法是目前衡量养老基金业绩的一种广受欢迎的技术，同时也在学术界备受推崇。

先锋基金还运营着另外两只大市值指数基金，一只是成长型，另一只是价值型。在截止到 1998 年 12 月的 5 年里，成长型指数基金排到了晨星大盘成长股分类的前 2%，价值型指数基金排到了大市值价值股分类的前 21%。这两只基金的表现都要好于我们用上述公式计算出的结果，这个计算结果在 5 年里的表现仅排到前 34%。

最后，为了能有更全面的理解，我们来看小市值指数。历史最悠久的小市值指数基金是空间基金管理公司 DFA 9-10 小型公司基金。在过去 15 年里，它排在了前 57%，事实上比平均水平要差。

表面上看，以上数据表明指数化适用于大市值基金，但对小市值基金则并不适用。但深入研究会发现，事实并非如此。指数化对某种资产是否适用和该资产相对于其他资产的表现二者之间存在着直接的关系。

我们来看先锋成长型指数基金的卓越表现，它在 5 年中业绩排名处于前 2%。它所跟踪的 Barra 大市值成长型股票指数在 1994 ～ 1998 年这 5 年中毫无意外地获得了所有类别的资产中最高的收益率——年平均 27.94%。价值型指数基金同样表现相当出色，同期的排名为前 21%。同样地，它所跟踪的 Barra 大市值成长型股票价值型指数的表现也很出色，同期的收益率为 19.88%。

现在将先锋 500 指数基金在 15 年里前 8% 的排名与 DFA 9-10 小型公司指数基金的前 57% 的排名进行对比。不出所料，它们所跟踪的指数在这 15 年的收益率分别为 17.91% 和 9.17%。如果仔细看一下这两只指数基金的表现，就会发现小型公司股票与大型公司股票的相对表现与二者所对应基金的排名是有直接联系的。例如，在 1992 ～ 1994 年这 3 年中，小型公司股票的年收益率比大型公司股票高出 7.59%，与此相对的是先锋 500 指数基金只排到了同类基金中的前 46%，而 DFA 9-10 小型公司指数基金则排到了同类基金中的前 13%。

邓恩法则

资产的表现与指数基金的表现之间事实上是存在着关系的，即众所周知的邓恩法则（这是以史蒂夫·邓恩的名字命名的，他对资产的眼光十分敏锐）：

“当一种资产表现出色时，对应的指数基金会表现得更加出色。”

该法则背后的原理很简单。我们以 DFA 9-10 小型公司指数基金和先锋 500 指数基金为例来说明。一种资产相对于另一种资产的表现好坏会全部传达给其对应的指数型基金。在过去的 15 年里，大多数主动式管理的小市值基金都持有了一定数量的中型公司股票或大型公司股票，这使它们的表现要优于小市值股票指数。反过来同样成立，大多数频繁持有比标准普尔 500 指数规模小的股票的主动式管理大市值基金的表现都要比标准普尔 500 指数差。

总的来说，由于过去 15 年中大型公司股票的收益占绝对优势，大型公司股票的指数化策略看起来比实际的要好，而小型公司股票的指数化看起来则会差一些。

同样的现象也存在于其他领域。DFA 的 REITs 和国际小型公司股票的指数型基金的业绩排名都很靠后，这仅仅是资产本身表现差劲所产生的假象，并不能说明指数化策略在该领域是低效的。

国际指数化的情况是非常有趣的。嘉信理财集团[⊖]拥有最古老的分散化国际指数基金，它在1994～1998年这5年中的排名还算不错，位列前21%。如果用EAFE指数作为该指数基金的替代品，在10年里的排名将会是糟糕透顶的前90%，但在15年里的排名却是惊人的前1%。问题出在"日本"身上。截至目前，日本公司股票在EAFE中的权重都偏大，在20世纪80年代晚期日经指数泡沫达到顶峰时，日本公司股票在该指数中的份额占到了65%。因此在日本股票表现很差的时期，国际指数化的表现也很差，反之亦然。然而，令人惊喜的是尽管在过去15年里日本股票的年化收益率比EAFE整体的收益率低了5%还要多，该指数仍然是同期国际分散化基金中收益率最高的，这要归功于费用上的优势。

我们之前说过，理论上讲指数化优势最大的领域应该是新兴市场。事实的确如此，尽管在过去5年中新兴市场基金的收益很糟糕，DFA和先锋基金的新兴市场基金分别排到了同类基金的前10%和15%。

一个可能的例外

即使考虑了以上所有因素，指数化策略在一个领域似乎仍会失败，即小市值成长股领域。该领域的公司都是高度的企业家至上的经

⊖ 嘉信理财集团（Charles Schwab）是全美国最大的金融服务公司之一。嘉信理财旗下附属机构包括有嘉信理财公司（Charles Schwab & Co., Inc.）、嘉信银行（Schwab Bank）、CyberTrader公司（CyberTrader, Inc.）和嘉信理财香港有限公司（Charles Schwab, Hong Kong, Ltd.），提供证券经纪、银行、资产管理与相关的金融服务。——译者注

营模式，且增长迅速，有数据证实对这些公司进行的研究所带来的收益要大于研究成本。另一个原因可能是这些股票经常表现出相当大的价格“惯性”。小市值公司指数化策略要求卖出那些升值最快的股票，因为它们的价格超出了指数规定的范围，而事实上这些股票在日后的收益才是最高的。

小市值成长股的长期收益较差，因此无论是主动型策略还是指数化策略，避免在该领域进行投资或许才是最明智的策略。我们接下来将会深入讨论这些问题。

幸存者偏差

随着研究的深入，主动式管理基金显露的问题越来越严重。当你打开《纽约时报》每季度出版的副刊，对过去 10 年里基金的业绩进行抽样分析时，你大概会认为自己对基金的历史表现有了相当准确的把握。但你错了，因为你所看到的并不是所有在过去 10 年中曾经存在过的基金，而是那些至今为止仍幸存的基金。换句话说，业绩最差的那些基金已经消失了（或者更可能是与其他基金合并），因此你看到的是基金业绩的一幅过于乐观的图景。

伯顿 · 马尔基尔是《漫步华尔街》的作者，他相当详细地研究了这个问题，发现这个效应带来了 1.5% 的误差。也就是说，公布的基金业平均业绩要比真实业绩高出大约 1.5%。对某些类别的基金来说误差会更大，尤其是小市值基金，其误差可能达到 3%。这可不是个小数目。我浏览了晨星 Principia 数据库的美国国内小市值基金的数据（截止到 1999 年 11 月），共找到 213 只期限为 5 年的基金，它们在 5 年中的年平均收益率是 12.19%。该类别的指数型基金的收益率仅仅略高一些（先锋小市值基金为 13.64%；DFA 9-10 小型公司基金为 13.10%），因此它们的收益可能不足以吸引你。但晨星公司的数据库只包含幸存至今的基金，因此真实的年平均收益率事实上应该在 9% ～ 10% 之间，这样看来指数型基金的表现的确非常出色。

你是否纳税

如果指数化给出的例子不够有力，那就来考虑一下税收效应。虽然很多人都在不用交税的养老金账户中持有基金，但大多数人同样也会在应税账户中持有基金。

持有主动式管理基金可能不是个好主意，但在应税账户中持有该基金则是一个十足糟糕的主意，有两个原因。第一个原因，主动式管理基金更高的交易量带来了更高数额的资本利得，资本利得会被美国联邦政府和州政府按资本利得率双重征税。而指数型基金则会使你的资本利得在卖出股票之前增长到足够大。

还有另外一个原因。人们购买大多数主动式管理基金的目的是看中了它们出色的业绩。但正如我们之前所说，这种出色的业绩不会长久。因此，大多数选择主动式管理基金的小投资者都会每隔几年就更换基金，从而产生了更多不必要的资本利得，进而被征收更高的税款。对于应税投资者，选择指数型基金永远不会错。

这里对小市值股票指数基金及其税收给出一个警告。小市值股票指数基金（美国国内和国外）比美国国内或国外的大市值股票指数基金有更高的交易量。更糟糕的是，由于卖出股票的主要原因是股价增长过高以至于超出指数范围，小市值股票指数基金会产生与交易量相对应的更高资本利得。由于这个原因，它们或许不适合应税投资者。幸运的是，目前可以购买"税收化管理"的小市值股票或大市值股票指数型基金，这些基金尽力缩减资本利得，详细内容将在第 8 章讨论。

共同基金已经成了小投资者最主要的投资工具，它们所管理的资金已经达到了前所未有的规模——在我撰写本书时大概是 5 万亿美元。但真正意义上的资金是由养老基金管理的——大约是两倍的共同基金规模。美国投资公司协会估算，在 1998 年只有 7% 的共同基金采用了指数化策略，而同期 200 家美国最大公司的养老基金则有 34% 都进行了指数化。

无须惊讶，世界上最大牌的基金经理都选择了指数化。养老基金的世界是纷繁复杂的，这个世界中有四个最基本的玩家，很有必要对他们进行一一考察。首先其中两个分别是养老基金发起人（即公司本身）及雇员和受益人。其次是养老基金经理。养老基金投资管理的竞争惊人地激烈。尽管这些基金经理仅仅能获得所管理资金几个百分点的报酬，但 100 亿美元的 0.02% 的年薪仍不是个小数目。如果基金几个季度的表现都比基准指标要差，那"你就有麻烦了"。最后一个是养老基金顾问，他们的主要职责是为养老基金发起人选出最出色的基金经理。

到此你应该知道这出戏该怎样收尾了。现实中几乎所有的这些基金经理都毫无技术可言。与共同基金经理一样，他们也只不过是一群向着股票名录扔飞镖的毛猴罢了。一些幸运的人会吸引来养老基金顾问，后者将会把他们的基金卖给发起人。根据概率论，他们有时也会表现不佳，于是他们被解雇（也可能是和推荐他们的顾问一起丢掉饭碗），然后新一轮循环又开始了。这是世界上最昂贵的循环——全部养老基金的管理费用大约占到每年 10 万亿美元养老基金支出的 1%，也即 1000 亿美元。

一般来说，这些养老基金持有的股票与债券之比为 60/40。皮斯卡塔克咨询公司研究发现，在 1987 ～ 1996 年间美国最大型的养老基金中只有 8% 事实上战胜了 60/40 比例的股票 / 债券指数化投资组合。

因此，人们接二连三地选择了指数化策略，从养老基金发起人到基金经理，很多时候甚至连养老基金顾问本人都转向了指数化策略。在未来 10 年中很有可能大多数养老基金都会选择指数化，你也应该如此。

投资简报

好吧，看来人类无法挑选股票。或许更富有成效的方法是选择市场时机，并通过在熊市期间撤出股市来避免损失。而以此为专长的投资专栏作家也许能够帮我们做得更好。约翰·格雷罕和坎贝尔·哈维两位金融学者最近对 237 种简报进行了详尽的研究。他们度量了这些简报对市场的把握能力，发现只有不到四分之一的选股推荐是正确的，比猴子 50% 的得分率要低多了。更糟糕的是，没有一个顾问的推荐能永远正确，但定期犯错误的顾问却层出不穷。他们举了一个非常著名的顾问的例子，令人震惊的是该顾问的预测在 13 年中平均每年亏损 5.4%，而同期的标准普尔 500 指数则得到了 15.9% 的收益。令人惊讶的是，居然还存在着一个为其他简报排名的专栏，它的作者相信自己可以找出表现一直很出色的顾问。格雷罕和哈维的研究表明，该作者实际上是在裁决一场掷硬币的比赛。当我们审视投资简报作者时，想一想马尔科姆·福布斯[⊖]的著名格言："简报是通过被读者订阅来赚钱的，而不是通过听取建议来赚钱的。"

著名作家、分析师和基金经理大卫·德雷曼在《逆向市场策略：股市成功心理学》一书中煞费苦心地追踪了 1929 年以来的专家建议，他发现有 77% 的建议都不及市场表现。3/4 的时间里专家建议都不及市场表现，这是几乎所有对"舆论引导"或"专家建议"的研究中反复出现的主题。德雷曼先生声称这是对有效市场假说的强有力驳斥：一个连专家都会定期亏损惨重的市场怎么可能是有效的？

所有这些证据都被归入一个被称为市场有效性的范畴中。对有效

⊖ 马尔科姆·福布斯（Malcolm Forbes）是 B.C. 福布斯的次子，事实上，他比他哥哥更有商业头脑，但起初，他志不在继承父业。这个野心勃勃的男孩最大的梦想是成为美国总统。直到两度竞选州长失败之后，他才终于放弃总统梦，执掌福布斯集团。——译者注

市场假说的详细讨论超出了本书的范围，但它的基本含义是：通过公开的可获得信息对个股或整个市场进行的分析是无效的，因为这些信息已经被融入股票或市场的价格中了。专家经常会疲惫地对公司的信息进行回应，“它已经被融入公司的股价中了”。事实上，一个非常好的论点是，市场通常会对事件过度反应，即股票遇到坏消息会暴跌，遇到好消息则会暴涨。由有效市场假说可以得出推论，即购买并持有随机组合，或者如我们之前所说持有指数化组合，会比试图分析市场走势的行为获得更大的收益。

财经媒体和大众媒体总喜欢花大量时间在那些通过政治经济形势分析市场走势的著名分析师身上。这是徒劳无功的。这些分析师通常都是大型经纪商的雇员，这些机构已经习惯了定期被骂愚蠢。（如果你还不相信通过经济形势来预测市场走势是无效的，那就回想一下，挣大钱的机会都出现在最萧条的时候：1932 年、1937 年、1975 年和 1982 年都是买入股票的绝佳时期。再回想一下，买入和持有股票的最危险的时候往往都是经济形势一片大好的时期；那些在 1928 年、1936 年或 1966 年买入股票的人很快就尝到了苦果。）

现在，很容易理解为什么全美国专业基金经理共同努力都无法战胜市场：因为他们就是市场本身。

与市场先生的较量

离我的住处不远有一个小城，城里只有一家商店，店主多年前就去世了。店主生前有躁狂抑郁症，在躁狂期的那一周，他变得激情澎湃，在此期间他会提高店中商品的价格；第二周他的抑郁症发作，他因此变得情绪低落，并降低商品的价格。市民们因此学会了在店主抑郁的时候囤积商品，而在其躁狂的时候只买一些必需品。金融市场的情况与这个店主很类似，聪明的投资者会在股价低迷时囤积股票，而在股价高涨时降低仓位。最愚蠢的思路是去模仿店主的情绪，比如购买西红柿的原因仅仅是因为正在涨价，但这似乎正是大多数投资者，尤其是专业人士正在做的事。这种行为深深扎根于人类的本能中，没有人愿意被排除在大多数人的盛宴之外。有些读者会注意到我们的店主和本杰明·格雷厄姆《聪明的投资者》书中的市场先生很相似，如果你只能读一本股市方面的书籍，那这本书就是你的选择。本书的取名正是为了纪念它。

事实上，格雷厄姆先生在几十年前曾为一本女性杂志写了一篇著名的文章，文中他做出了带有性别歧视色彩但却非常明智的建议：买股票应该像买生活用品而不是像买香水一样。如果他转而建议男性买股票应该像买汽油而不是像买汽车一样，他可能不会如此强烈地触动我们当代人敏感而脆弱的神经。

散户应该了解他们为这些西红柿付出了多少。每磅 25 美分就很便宜，每磅 3 美元则是在打劫。购买一只股票或一个市场板块却不知道它们的贵贱，这简直愚蠢至极。我们将在第 7 章看到，判断一个市场板块是否便宜（也称为“估值”）是非常简单的。

不完全的随机游走

至此我希望我已经使你相信市场走势本质上是“随机游走”的，即在各个方面都无法预测市场走势，这使股票挑选和市场时机选择变得不可能。但事实上市场走势并非完全的随机游走，另外尽管了解市场格局并不能获利，但对投资者来说这还是有必要的。为了说明这一点，我们必须搞清楚随机游走到底意味着什么。它意味着昨天的、上个月的或者去年的市场收益中不包含任何关于未来收益的信息。这是严格正确的吗？

为了回答这个问题，我们首先要明白怎样寻找非随机的行为。方法有很多，最简单的是寻找价格变化中存在的“自相关性”。实际上我们的问题是，“过去每天、每周、每月和每年的价格变化是否与随后的价格变化存在相关性？”

我们选取标准普尔500指数从1926年1月到1998年9月之间的月度收益，共有873个月份。然后建立两个序列，第一列删掉第一个月的收益，第二列删掉最后一个月的收益，这样就得到了两个拥有872个月度收益数据的序列，二者的数据相错一个月。多亏有了神奇的现代化电子表格软件，这让计算两个序列的相关系数变得易如反掌。一个收益序列和它的滞后序列之间的相关性叫作自相关。正的自相关意味着高于或低于平均收益的趋势将会重复或者延续。一种资产或证券的“趋势”就是由正自相关定义的。负自相关定义了所谓的“均值回归”，即高低收益总是交替产生的。最后，零自相关即为随机游走。

事实得出大型公司股票在 1926 ～ 1998 年间的月度收益的自相关是 0.081。数字不大，但仍是正数，说明本月的良好收益预示着下个月会取得略微高于平均水平的收益。这种可能性实现的概率是多少呢？想要知道这个概率，就必须算出拥有 873 个随机数据的序列的标准差。公式是 $\sqrt{(n-1)}/n$，代入 873 可得 0.034。因此，0.081 的自相关是随机游走的 0.034 的标准差的两倍多。这表明对 873 个随机数据来说，这种事件发生的概率要小于 1/100。

所以，看来美国证券价格在以月为单位的时间段中表现出了持续增长的势头。

在坎贝尔、罗和麦金雷的《金融市场计量经济学》中有对美国股票的自相关数据的很好总结。下表中总结了 1962 ～ 1984 年间美国股市的自相关数据。价值加权（也即 CRSP 1-10 指数）和等量加权的指数可以分别粗略地认为是大型公司股票和小型公司股票的替代品。

	CRSP 价值加权指数（大型公司股票）	CRSP 等量加权指数（小型公司股票）
日收益率	0.176	0.350
周收益率	0.015	0.203
月收益率	0.043	0.171

注：CRSP= 证券价格研究中心。

表中的数据毫无疑问地显示了以天为单位的大型公司股票指数的趋势效应在统计学上是高度显著的，但当单位时间更长时则并非如此。小型公司股票指数在以天、周、年为单位的时间段中都显示了趋势效应。（我并不会对小型公司股票每天 0.350 的自相关性太过惊讶。要知道很多这类股票并不是每天都进行交易，因此某一天中市场的涨跌会使那些未交易的股票在随后数天中产生类似的走势。）

令人惊讶的是，坎贝尔等人没有发现任何关于个股趋势效应存在的迹象。换句话说，那些时刻紧盯股票价格走势的投资者们看样子是在浪费时间。但最近关注基金价格走势可能会有点用处，坎贝尔等人解释说这个明显的悖论是因为在大型公司股票和小型公司股票之间存在着高度显著的“交叉自相关性”，即大型公司股票的涨跌通常会伴随着小型公司股票的涨跌。

这一切意味着什么

好吧，看来股价走势并非完全随机。这些数据会对普通投资者有怎样的影响呢？影响是很轻微的。不乐观地说，我们所见到最大的自相关性也是在 0.2 范围内。这意味着明天的价格只有不超过 4%（0.2 的平方）的部分能够被今天的价格所解释。这可赚不了多少钱，对应税投资者来说，这样的投资是毫无意义的——无论趋势效应能带来多少利润，都会被其所要求的高频率交易所产生的资本利得税所抵消。

但是，这种效应不能被忽略。对那些免税投资者来说，信息是很明确的：不要频繁调平你的组合。

如果资产价格在相对长的时间中（比如几个月或一两年）有延续的趋势，那在短时间内进行调平并不是好主意。这不太容易理解。资产方差（标准差的平方）是决定调平收益的主要因素。如果资产有趋势效应，那长期年平均方差会大于短期——这事实上是检验趋势效应的一个很好的方法。

考虑一下日本和美国市场。自从 1989 年以来二者都显示了强烈的趋势效应（方向相反），很明显尽可能不从美国向日本调平要比频繁调平的收益更高。

下面这个例子提供了另一种思路——只在资产的平均自相关性小于或等于零时进行调平。在现实中，这意味着每年最多调平一次。

阴阳

趋势投资策略和定期逆向调平的固定资产配置策略并非如地球两极一样势不两立，而仅仅是一枚硬币的两面。外国股票与美国国内股票存在趋势效应，这使得资产价格会出现周期性高估和低估。最终，在长期中均值回归现象纠正了这些超常波动。

20 年前，尤金 · 法玛提出了证券价格变化无法被预测的有力论据，伯顿 · 马尔基尔将“随机游走”这个词引入了投资学词典中。不幸的是，在真正的随机游走世界中，调平资产组合的策略不存在任何优势。只有当青蛙变成王子时，你才能从调平中获利，同样调平也不会使你蒙受损失。

好在真实世界与随机游走世界存在着细微的偏差，这使得投资者可以从中获利。作家和基金经理肯 · 费舍尔将这种资产价格的有利变化以及因此产生的趋势效应和长期中的均值回归效应统称为“华尔街之舞”。

我必须痛苦地承认，趋势效应是存在的。了解它对调平策略和资产表现的意义会使你成为一个更好的资产配置者。

·总　结·

1. 基金经理的选股技能不具有持续性。

2. 没有人能完全做好市场时机选择。

3. 基于第 1 点和第 2 点，用过去的表现来选择基金经理是无效的。

4. 基于以上 3 点，最理性的投资股票的方法是使用低成本的被动式管理工具，如指数型基金。

| 第 7 章 |

那些零碎的话题

在对特定的细节进行讨论之前，任何投资指南都不能算是完整的指南。现在你已经掌握了资产类别的业绩表现和投资组合构建的基本概念，接下来我们要用以下领域的知识把这些基本概念串联起来。这些领域包括：价值投资和三因素模型、“新纪元”投资、套期保值、动态资产配置以及行为金融学。

价值投资

在长期中有没有可能战胜市场呢？希望到目前为止，我已经使你相信这是不可能的了。你可以问一个更好的问题：市场中是否存在这样的资产，它们的收益与自身风险不匹配？这样的例子是存在的，比如贵金属和其他“硬资产”（收藏品、贵重的宝石等），相比于它们极高的风险，它们的长期收益就显得微不足道了。更微妙的是，长期债券有着比短期债券高得多的风险，但二者的收益却相同。股票有没有什么特征能预测期望收益的高低呢？我们已经知道一个：公司规模。如我们所见，小型公司股票在长期中的表现比大型公司股票好，然而代价是小型公司股票的风险也更高。

股票的长期表现超越了其他所有资产，这是因为买股票就相当于购买了我们如今持续增长的经济。想一想 20 世纪以来所有的技术进步以及它们所创造的财富：飞机、收音机、电视、汽车、家电和计算机。你通过买股票而不是国库券和公司债券来从这些奇迹中获得资本层面的收益，这种感觉真是太好了。不幸的是，投资者随后做出了一个致命的推断：即最挣钱的股票一定出自那些增长最快且产品需求最旺盛的公司。这些公司被称为“成长型公司”。

投资学中的一个核心概念叫“估值”，即辨别个股或整个股市的价格何时昂贵或何时便宜。（讨论股市整体或其中某个独立的市场部门的估值是最简单的。）

通常用三种方法来度量个股或整个股市的价值：市盈率（P/E ratio）、市净率（P/B ratio）和股息收益率。你购买股票的根本目的是要获得相应公司的利润，市盈率衡量了你为获得这些利润所需要支付的金额。比如说 XYZ 多媒体公司每股收益为 5 美元，股价为每股 100 美元，则它的市盈率（也叫倍数）是 20，即你为每 1 美元的利润支付 20 美元。当该公司股价为 30 倍市盈率时就说股票价格偏贵，当股价为 10 倍市盈率时则说股票价格便宜。然而，公司的利润是不稳定的。即使是最大最稳定的公司，其利润也经常会消失。极少的情况下整个美国股市的净利润都会消失（这种情况出现在大萧条时期的很长一段时间中和 20 世纪 80 年代初的短暂岁月中，当时美国一些大公司担负的亏损超过了其他公司利润的总和，导致整个美国市场出现了净亏损）。此外，公司财务人员很容易就可以对利润报表进行篡改，从而使财务数据变得毫无意义，因此市盈率的作用是有限的。精明的本杰明·格雷厄姆在观测后发现，公司利润只有在取数年的平均值时才能提供有价值的信息。

所有公司都有账面价值，这可以看作是公司所有资产的净值，尽管数据的真实性很难考究。这是一个粗略的数字。航空公司的账面价值很容易理解，主要为公司所拥有的飞机、大楼和办公器材的价值减去公司债务。我们假设 ABC 航空公司的资产为 20 亿美元，负债为 10 亿美元，计算可得净资产为 10 亿美元。再假设该公司发行的所有股票价值 20 亿美元，则它的市净率是 2，即股价为账面价值的 2 倍。市净率小于 1 的股票是便宜的，市净率大于 5 的股票是偏贵的。股票的账面价值是很稳定的，公司财务人员通常没有动机去篡改它。

最后来看一下股息收益率。这个概念很容易理解——简单来说，将股东得到的股息除以股价就得到了股息收益率。如果 XYZ 多媒体公司每股价格为 100 美元，每股净利润为 5 美元，公司将净利润中的 3 美元派发给股东，则股息收益率为 3%。公司支付的股息可以高于净利润，但很明显这样的行为无法长久。小公司或高速增长的公司通常根本不支付股息，它们需要将所有利润用来支持企业增长。然而不久以前，增长缓慢的大型公司的股息收益率还经常会超过 5%。

现在我们能够判断西红柿到底有多贵了。首先，我们有必要计算出整个美国股市的市盈率、市净率和股息收益率。图 7-1 画出了过去 73 年中美国市场的市盈率曲线。我们看到市盈率的数值在 7 ~ 20 之间变动，平均值大约为 14。事实上，只要净利润接近于 0，市盈率就可以变得更大，因为除数实在太小了。当市场的市盈率等于 7 时，它是相当便宜的；当它大于 20 时，则是相当贵的。

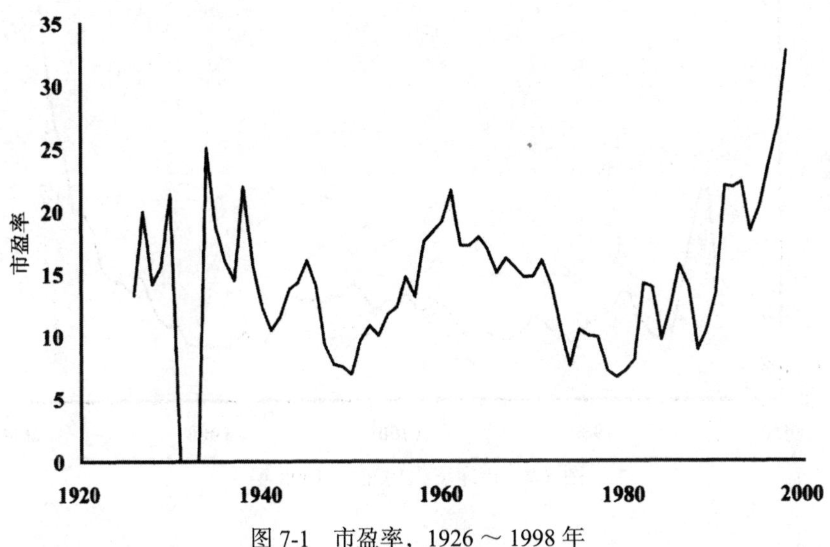

图 7-1　市盈率，1926 ～ 1998 年

图 7-2 画出了市场的市净率曲线。市净率直到前不久都还在 1（便宜）～ 3（昂贵）之间变动，平均值为 1.6，但最近它却飙升到 8。由于最近的数据，一些人开始质疑这种方法在度量价格贵贱方面的有效性。

图 7-3 画出了股息收益率曲线。历史上它在 2.5%（昂贵）至 7%（便宜）之间变动，平均值大约为 4.5%。收益率越高，股价就越便宜；收益率越低，股价则越贵。目前股票的股息收益率为 1.3% 的历史最低点，这同样使很多人质疑该方法的有效性。

市盈率、市净率和股息收益率完整可靠的数据只有市值最大的美国大型公司股票才拥有。小型公司股票的数据则断断续续，但市盈率

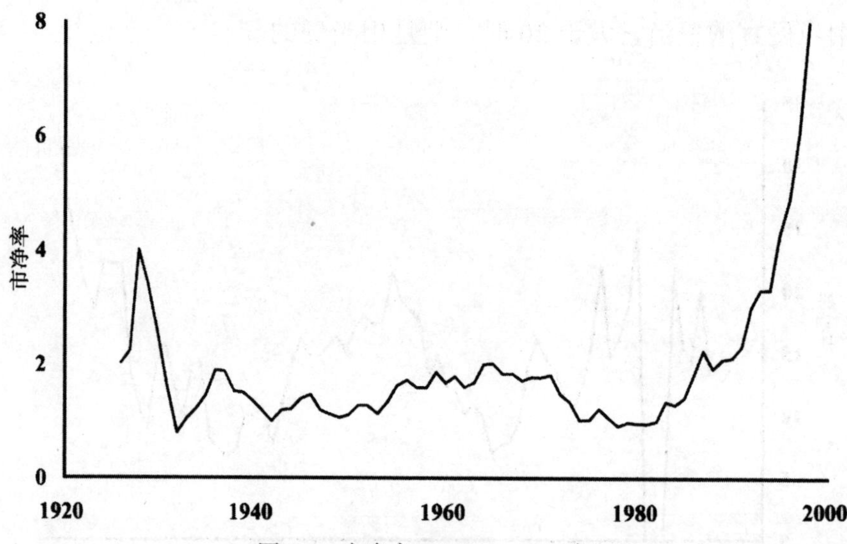

图 7-2　市净率，1926 ～ 1998 年

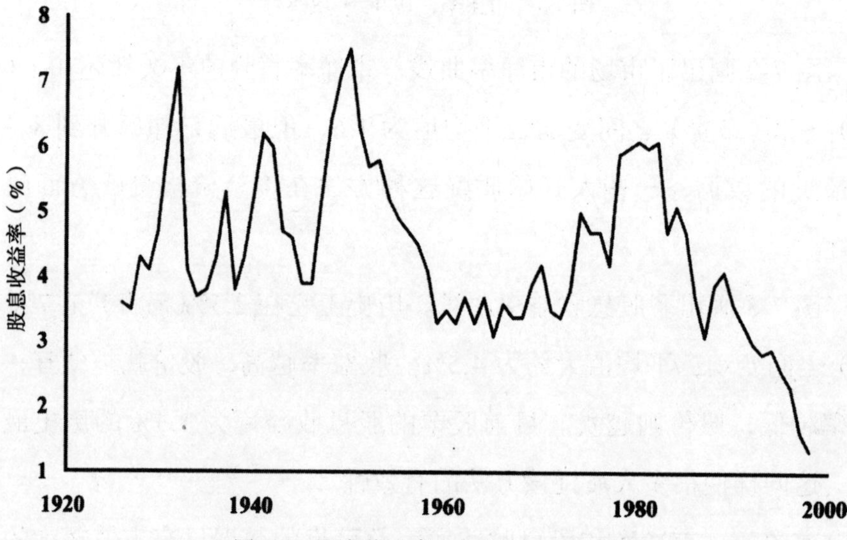

图 7-3　股息收益率，1926 ～ 1998 年

和市净率的走势与大型公司股票相似，股息收益率则要小得多。对外国股票的估值要困难得多，因为各国之间的会计准则不同；尽管如此，大多数 EAFE 国家的市净率走势似乎都与美国相似。

我们还发现，当估值较为便宜时，长期收益通常较高；当估值较为昂贵时，长期收益则较低。这个发现是否有实用价值还值得商榷。

在任何时候，总会有一些股票比另一些便宜，那么购买相对便宜的股票是否有用呢？大量数据证实了这一猜想。

有关价值投资的研究

与现在类似，最早有关买便宜股票的研究使用了“道氏市盈率策略”，更著名的道氏股息策略我们将在随后进行介绍。在 1964 年，德雷克塞尔公司的首席研究员保罗 · 米勒研究了购买道琼斯 30 指数中市盈率最低的 10 只股票的收益情况。在他出版的一本备忘录中，他对从 1936 年 7 月到 1964 年 6 月这 28 年间的结果进行了总结（见表 7-1）。

表 7-1 价值股的表现（1936 ～ 1964 年）

	道琼斯工业指数全部 30 只股票	道琼斯工业指数市盈率最高的 10 只股票	道琼斯工业指数市盈率最低的 10 只股票
年平均价格变化率	+6.54%	+1.50%	+12.18%
标准差	16.3%	15.7%	21.1%
亏损年份数量	10	12	7
亏损大于 10% 的年份数量	5	7	2
最差年度收益率	−20.9%	−24.6%	−30.5%

米勒先生的数据搜集方法与常人略有不同。第一，他使用的是从

第一年 7 月到第二年 6 月的财年。第二，收益数据只包括价格变动，而不包括再投资的股息，加入再投资的股息将会使实际收益大约上升 5%。表中的数据非常清晰明了地表述出：市盈率最低的股票（最受冷落的股票）的收益率远远高于市场收益率，而市盈率最高的股票（最受追捧的股票）的收益率则远远低于市场收益率。这种超额收益是否伴随着高风险呢？这种猜想被标准差和“最大年度亏损”的数据所证实，其中低市盈率股票的相关数据要高于高市盈率股票和整个道琼斯 30 指数。低市盈率股票较高的标准差源于它们在过去数年中带来的高额收益。如果从亏损的年份数或亏损大于 10% 的年份数来看，低市盈率股票的风险事实上要低一些。

投资者希望从价值股中索取的收益越来越高，但让我们退一步来看这种现象意味着什么。当下最流行的方法可能就是所谓的道指股息策略，即买入道指中股息收益率最高的 5 只股票。我分别列出了 5 只股息收益率最高的股票和 5 只股息收益率最低的股票：

收益率最高	收益率最低
菲利普·莫里斯	沃尔玛
摩根大通	麦当劳
明尼苏达矿业	IBM
雪佛龙	迪士尼
伊士曼·柯达	美国运通

大多数读者认为拥有高收益率（便宜）股票的公司是“差公司”，而拥有低收益率（贵）股票的公司是“好公司”。

这一领域中最伟大的研究成果是由法玛教授和弗伦奇教授完成的，该成果发表在 1992 年 6 月的《金融学杂志》上。他们极其详细地回顾了从 1963 年 7 月到 1990 年 12 月之间的股票收益，发现所有股票的收益变化都可以用两个因素来解释：公司规模（这毋庸置疑）和市净率。他们将所有股票按市净率从最低（最便宜）到最高（最昂贵）分成 10 个组别，其中最便宜的一组股票的年收益率为 19.6%，最昂贵的一组的年收益率则为 7.7%。在最便宜的股票中，规模最小的股票的年收益率为 23%。他们还发现市盈率也很有用，但不像市净率的效果那么好。在引入市净率后，市盈率就没有使用价值了。

本杰明 · 格雷厄姆、法玛、弗伦奇和其他人等是否在告诉我们购买差公司才能获利呢？是的。差公司很便宜，而且管理层很可能扭亏为盈，将公司重新变为“好公司”。退一步讲，即使差公司表现越发糟糕，在投资世界中这也不值得大惊小怪，因为股价可能不会跌得太多。另一方面，好公司很昂贵，人们都认为它们的业绩会一飞冲天。如果有一天它们的增长不可避免地出现了停滞，市场将会把它们拉出来枪毙。大卫 · 卓曼完美地记载了这一现象。公司股价的大幅波动往往出现在其利润的涨跌超出了分析师的预期的时刻。（要注意在短期中无论公司利润是高、低还是负值，对公司股价都没有影响。真正对股价有影响的是利润是否超出了“华尔街”的预期。某一季度的亏损小于华尔街预期要好于该季度利润巨大却没能达到华尔街预期。）卓曼观察到当利润未能达到预期时，“价值股”价格的下跌幅度要远小于“成长股”下跌的幅度。反过来，当利润超出预期时，“价值股”比“成长股”价格上涨的幅度要更大。再重复一遍：

好公司的股票通常表现都很差，而差公司的股票通常表现都很好。

这个概念无论对散户还是专业人士来说都难以理解，这大概就是大多数专业的基金经理表现差劲的原因。无论阅读多少本金融学书籍，他们都无法说服自己去购买差公司。

有关“好公司–坏股票”的最生动的例子大概出自于1982年由管理学专家汤姆·彼得斯[⊖]所著的《追求卓越》一书。他用几种客观的标准找到了无数“卓越的”公司。几年之后，俄克拉荷马州立大学的金融学者米歇尔·克莱曼检验了这些公司的股票市场表现，并将其与一组用相同标准选出的“不卓越的”公司的股票进行了对比。在《追求卓越》这本书出版后的五年中，不卓越公司的股票的年平均收益率比卓越的公司高出了惊人的11%。你可能猜到了，不卓越的公司无论用市盈率、市净率还是股息收益率标准来衡量都要比卓越的公司便宜得多。人们通常认为好公司的股票一定也好，但事实往往恰恰相反。心理学家将这种推理式错误称作“代表性”。

有一个问题一直以来都困扰着学术界的有效市场理论专家，即为什么那些流行的策略（低市盈率、低市净率、高股息收益率）长久以来一直适用？这些策略太出名了以至于太多的人在使用它们，按理说它们的优势将因此而消失。这些策略在产生数十年后仍然适用的原因

⊖ 汤姆·彼得斯（Tom Peters）曾获美国康奈尔大学土木工程学士及硕士学位，斯坦福大学工商管理硕士和博士学位。在美国乃至整个西方世界被称为“商界教皇”，《财富》杂志将其评为“管理领袖中的领袖”，主要代表作《追求卓越》被称为“美国工商管理圣经”；仅在美国就销售了600万册；在福布斯杂志新近评选出的20本最具影响力的商业图书中排名第一。——译者注

是：便宜的公司就像狗一样，大多数人都无法说服自己去买它们。本杰明·格雷厄姆在 50 年前写了《证券分析》一书，这本入门读本讲授了寻找便宜安全股票的方法。格雷厄姆的方法被全美国绝大多数成功的基金经理所使用。其中一个就是沃伦·巴菲特，他是世界上最富有的人之一。按理说格雷厄姆的方法应该早就过时了，但它至今依然有效。每个人都想拥有亚马逊、微软、英特尔和美国在线，没人愿意购买伍尔沃斯公司[⊖]。

价值股还是成长股

寻找便宜股票的行为叫作“价值投资”。与之相对的叫作“成长投资”，即寻找那些利润能够快速增长的公司。尽管的确存在着一些非常成功的成长投资者，但他们都是在逆水行舟，如果你顺水行舟的话则会划得更快。

有效市场理论学家们喜欢提出股票和市场的价格是没有特定规律的观点。（我们已经知道这并不完全正确。）成长股的投资者相信他们可以挑选出那些利润可以持续增长的公司，从而使他们获得不断增长的收入流。不幸的是，目前存在的成长型公司都很昂贵，其股票的市盈率通常比整个市场要高 2 ～ 3 倍。一个增长速度比市场中其他公司高 5% 并且市盈率为市场的 2 倍的公司需要以该速度持续增长 14 年才能使股东收回成本。我们已经看到，股价走势基本上是无法预测的

⊖ 伍尔沃斯公司（Woolworths）是澳大利亚最大的食品零售商。——译者注

"随机游走"过程。有趣的是，利润增长同样也是"随机游走"过程，今年利润取得高增长的公司很可能下一年业绩平平（反之亦然）。换句话说，今年的成长股下一年很可能会变成价值股，这会给股东带来巨大损失。与此相反，业绩平平的价值股经常会以强劲的利润增长震惊整个市场，其市盈率和股价都会发生令人欣喜的变化。这种情况通常只会发生在某个特定年份的价值股组合中少数几只股票上，但这对整个投资组合的影响是巨大的。

有关价值股效应最清楚的解释可以在罗伯特 A. 哈根的《新金融学：有效市场的反例》中找到。哈根教授指出，1993 年中期，市盈率最高的前 20% 股票（成长股）的平均市盈率是 42.4。它们的利润回报率是 2.36%。（利润回报率很容易计算，它是市盈率的倒数——即你投资于股票的每一块钱相当于购买了多少利润。）市盈率最低的前 20% 的股票（价值股）的平均市盈率是 11.93，或者说它们的利润回报率是 8.38%。换句话说，如果你在 1993 年中期买了引人注目的成长股，你的每 100 美元投资可以获得 2.36 美元的利润；如果你买了惹人讨厌的价值股，你每 100 美元的利润则是 8.38 美元。如果你希望在长期中靠成长股来出人头地，你的股票利润的增长幅度必须至少比价值股高 3 倍。哈根研究了成长股和价值股同期的利润增长情况，发现成长股的确有过利润高速增长的时期，但这种高增长随着时间在不断衰减，而且它们的利润从未超越过价值股。事实上，别说超越，连接近都不曾有过。哈根估算，投资于成长股的每一块钱所带给你的长期收益尚不及价值股的一半。再回想一下本杰明·格雷厄姆说过的话，短期中市场可能是投票机，但在长期中它是称重机，它所称的是利润大小。

在 1994 年 12 月的《金融学杂志》上发表的一篇论文中，约瑟夫·兰考尼肖科及其同事证实了前人关于低市净率和低市盈率股票优越性的论述。他们还发现销售额的增长会影响未来收益率，增长最快的公司的收益率最低。法玛、弗伦奇和兰考尼肖科等人对低市盈率和低市净率股票的表现优于成长股这一结论达成了共识，但对其原因却存在分歧。法玛和弗伦奇是虔诚的“有效市场学家”，他们坚信价值股更高的收益一定伴随着更高的风险。有段时间他们很难向投资者们解释这种风险的准确含义，大概可以这样解释：价值型公司都是病态的公司。它们的利润、收入增长和资产负债表都很差劲。经济衰退或甚至一点点风吹草动都可能摧毁它们。由于这种更高的风险，它们必须提供更高的收益。毕竟，如果凯马特[⊖]和沃尔玛提供相同的未来收益，谁还愿意买凯马特呢？所以，价值股并非免费午餐。

另一方面，兰考尼肖科和同事坚持说拥有更高收益的价值股并没有更高的风险，并拿出了令人信服的证据来证明价值股的风险要比成长股低。换句话说，免费午餐是存在的。投资咨询公司威尔逊协会出版了从 1978 年以来各种规模的成长股和价值股公司的收益和风险数据（这是晨星数据库中众多好资料中的一种）。对每一种规模的公司，价值股组合的年化收益率都要比同等规模的成长股组合高出几个百分

⊖ 凯马特公司是美国国内最大的打折零售商和全球最大的批发商之一。凯马特公司经营包括传统的凯马特和凯马特大卖场以及凯马特超市，在美国、波多黎各、关岛和维尔京群岛等地区的 50 个州提供方便的购物。但不及零售业巨头沃尔玛。——译者注

点，并且风险要远低于后者。事实上，价值股超越成长股恰恰是因为它们的风险更低。在牛市期间成长股的表现要好于价值股，但在熊市期间价值股亏损的程度要远小于成长股。到最后，价值股的收益率可能要高于成长股，仅仅是因为价值股在熊市中的表现要更好。

三因素模型

我们上面提到的第一种假设是更高的收益必然伴随着更高的风险，这个假设由法玛和弗伦奇根据三因素模型而提出。这个简单有说服力的模型在理解全球市场长期收益方面尤其有用。简而言之，任何股票资产的收益率都可以分为以下四种：

- 无风险利率，即货币的时间价值。通常以短期国库券利率表示。
- 市场风险溢价。指暴露在股市风险中所获得的额外收益率。
- 规模溢价。指持有小型公司股票所获得的额外收益率。
- 价值溢价。持有价值股所获得的额外收益率。

每个人都可以获得无风险利率，因此在法玛和弗伦奇的理论中，最重要的决策是你在其他三个因素上的敞口是多少。如果你是个十足的懦夫，你可以只持有国库券而完全不持有其他三种资产。如果你对风险的承受能力很强，你可以将你在三种资产上的敞口最大化，并且仅持有小型公司价值股。

我们分别来看每一种风险因素。在图 7-4 中，我画出了过去 36 年每 5 年为一期的“市场溢价”(即 CRSP 1-10 指数的收益率——也可以近似为威尔逊 5000 指数的收益率——减去国库券收益率)。要注意尽管过去 20 年中该溢价一直为正，但在 20 世纪 60 年代和 70 年代却摇摆不定。在整个时间段中，该溢价年平均为 5.65%。市场溢价在 5 年滚动时间段中只有 78% 的时候是正值，看来这确实是不确定的。

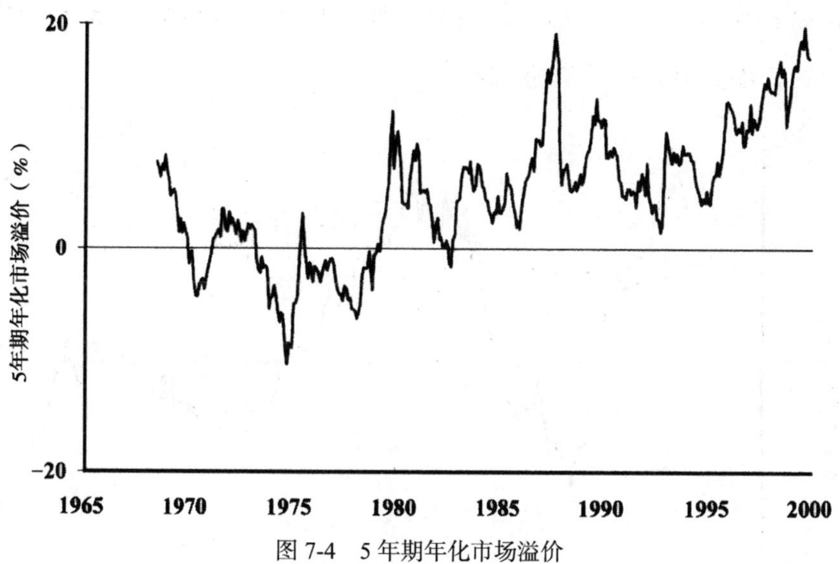

图 7-4 5 年期年化市场溢价

是否可以通过承担更高的风险来获得更高的收益呢？答案是肯定的。你可以投资那些比大公司更容易消亡的小公司。过去 36 年中的“规模溢价”（用纽交所中市值排在后 50% 的上市公司收益率减去前 50% 的公司收益率）是 1.71%。我在图 7-5 中画出了该溢价的走势，它的 5 年期滚动收益只有 53% 的时间为正。

最后来看一下最富有争议性的溢价，我将其画在图 7-6 中。根据法玛和弗伦奇的理论，如果你是一个嗜风险如命的人，希望能使你的溢价收入变得更大，你可以投资价值股。这是整个市场中最具病态的部分，想一想丰收者公司、凯马特、日产汽车的低估值（按市净率计算）你就明白了。在这一领域投资 36 年的溢价（市净率最低的股票收益率减去市净率最高的股票收益率）是年均 3.77%。多少令人感到惊讶的是，从图中可以看出该溢价具有相当的持续性，87% 的时间中都为正值。事实上，价值溢价的可靠性使一些人质疑这到底是真正的免费午餐，还是真正的“冒险之旅”。

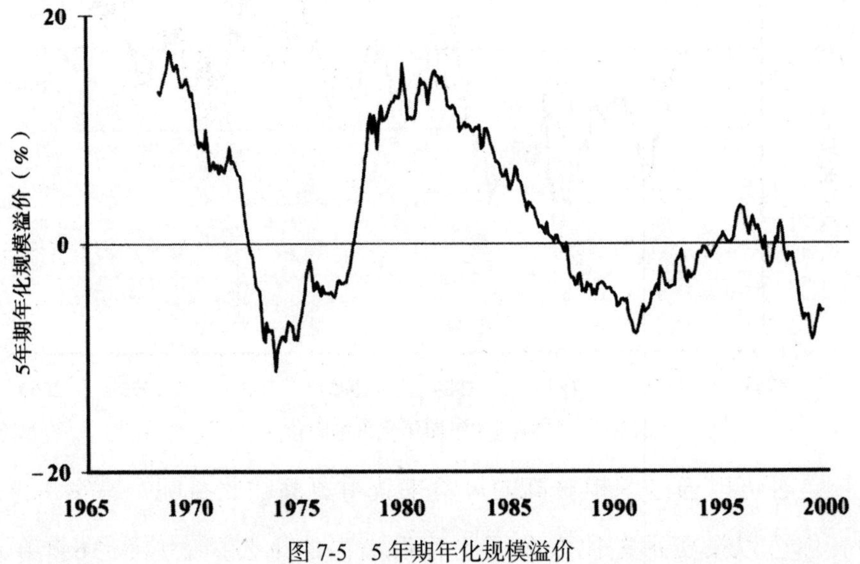

图 7-5　5 年期年化规模溢价

法玛和弗伦奇已经对这三种风险溢价（市场、规模和价值）进行了大量研究，研究显示在很长一段时间中美国和很多其他国家的市场都有这三种溢价存在的痕迹。除此之外还有其他溢价吗？可能会有。投资于趋势型股票似乎存在溢价，但关于趋势型股票风险特征的讨论目前还没有定论。

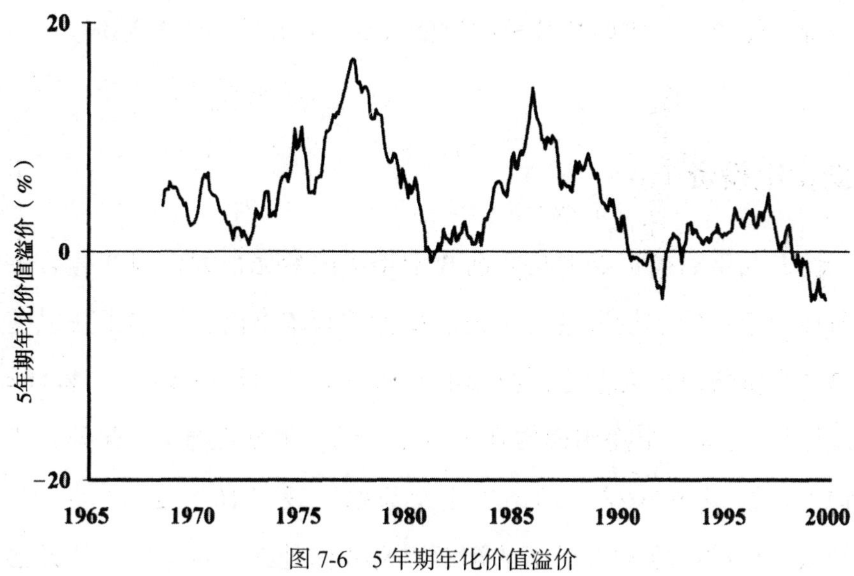

图 7-6 5 年期年化价值溢价

三因素模型还有另外一个用处，我们在之前已经提到过，即可以用来评估基金经理的表现。通过使用复杂的统计学工具，我们能够得知基金经理的业绩有多少可以归因于各种风险因素，有多少可以归因于基金经理本身的技术。例如，如果一个基金经理在某个时间段中业绩表现非常卓越，这可能是由于该经理技术娴熟（或运气好），但也可能是由于该经理的资产敞口处于拥有高收益率的因素上。评估的结果你可能已经猜到了，大多数基金经理的卓越表现要归功于他们对风险因素的敞口，极少有人能通过统计学意义上的技术来获利。

最终，资本市场的奖励流向了那些能够在三种风险因素以及职业风险中找到平衡的聪明人。一个简单的例子是，周期性的“价值型”公司的员工应该尤其谨慎地持有价值型投资组合，因为在严重的萧条中他们的工作和投资组合都会遭到或多或少的损失。在困难时期中能够维持工作的人，比如邮递员和讨债人等，更适合持有价值股。

在新世纪投资

过去五年的投资氛围与之前几十年相比变化很大，因此有必要对当前称为新世纪的投资进行讨论。在我撰写本书时，股票正在以前所未有的高价售出。大型公司股票的股息收益率通常在 3% ～ 7% 浮动，但现在是 1.3%。市净率通常在 1 ～ 3 浮动，但现在是 8。此外，股票目前的市盈率是 30 倍，而历史上市盈率一般在 10 ～ 20 浮动。关于为什么旧标准如今不再适用的辩解以及我们处在“新世纪”的说法试图给当前的价格找到合理的解释。

那么投资模式是否永久性地改变了呢？以前的规则放到现在都毫无用处了吗？投资模式有时的确会发生改变：在 1958 年，股票收益率有史以来第一次低于债券收益率，人们纷纷预期灾难即将到来。然而什么都没有发生（除了债券表现依旧卓越），股票收益率再也没能超过债券收益率。

但是，投资的规律和数学以及万有引力一样是客观存在，很难违背的。可以指出的是 1958 年股息收益率一直在增长，但债券利息则并非如此，它是固定不变的。因此债券收益率超过股票收益率也不是不可能的。

但一个无法回避的事实是，股票的长期收益率近似等于股息收益率与利润增长率之和。当前的股息收益率是 1.3%，利润增长率的历史数据大约为 5%，加总起来可得到目前股票的期望收益率是 6.3%。因此，为了证明当前股票价值的合理性，你必须假设利润和股息的当前增长幅度要比过去的幅度高。

不太可能发生这样的事情。让我们回到图 2-11 中来看道琼斯指数过去 80 年的收益率，你需要注意图的顶部。时常发生的衰退和萧条总会导致收益率猛烈地下降，但曲线顶部的走势表明公司的盈利能力又全面恢复了。要注意过去一二十年中曲线存在着加速上升的趋势。

人们经常听到这样的论调，即随着科技进步的不断加速，美国公司正处于利润大幅上升的临界点。回顾一下历史会对你有帮助。1830 ～ 1860 年的岁月见证了人类历史上两个最具有变革意义的发明——蒸汽机和电话。在短短数十年中，跨国界的运输几乎增长了一个数量级，制造业有史以来第一次用上了廉价可靠的能源，长途通信瞬间就可以接通。当然，在过去 30 年中也产生了非常多的科技创新。但是想一想，如今最重要的信息从纽约传递到旧金山也只不过比 19 世纪略微快一些，很多时候甚至没有过去的速度快；此外，如今在城市或国家之间进行旅行要比 30 年前花费更多时间。对了，1830 ～ 1860 年美国股票的收益率是 4.2%。

事实上，我们已经听过这种新世纪的论调了——第一次是 1926 ～ 1929 年，然后是 20 世纪 60 年代末。在这两个时期中传统思想都认为过去的股票估值方法过时了，为那些站在科技进步的刀刃上的公司支付其利润的 50 倍甚至 100 倍的价格是可以接受的。我强烈推荐最近再版的本杰明 · 格雷厄姆的 1934 年版《证券分析》，他在该书中对20世纪20年代的新市场进行了描述。将他的描述仅仅换几个字，你就可以对目前市场上对高科技和网络概念股的狂热追捧有一个生动形象的了解。仅仅将“利润的100倍”改为“销售额的100倍”你就能明白了。

最后，近期一些资产的收益表现值得思考。在1989～1998年这10年间，Barra大市值成长股指数取得了年平均21.35%的惊人收益率；大市值价值股指数的年化收益率是16.67%；9-10档的小型股票年化收益率为13.2%；反映外国股票表现的EAFE指数的年化收益率是5.54%。过去10年间的经验使很多人坚信大市值股票的收益率高于小市值股票，美国成长股的收益率高于价值股，美国国内股的收益率高于外国股。我们已经看过完整的历史数据，看来这些假设无一正确。

对那些被诱惑将他们所有的钱投向麦当劳、可口可乐、微软和英特尔的人，我计算了他们所投资的每一块钱从1927年7月到1998年3月在小市值价值股、大市值价值股、大市值成长股和小市值成长股上的收益增长（见图7-7）。小市值价值股的年化收益率是17.47%，小市值成长股的年化收益率是2.18%，大市值价值股是13.99%，大市值成长股是10.04%。解读这些数据时要格外小心。第一，这些数据不包含我们在第6章中提到的交易成本。第二，1960年之前的数据在很多地方都不详尽。

这张图传达的信息很明确：在长期中价值股战胜成长股，小市值价值股会全面战胜其他所有种类的股票。小市值成长股的悲惨收益希望会惊醒那些仍希望投资于小市值科技股的梦中人。相比于 1960 年以前持续多年的惨重损失，小市值成长股目前的收益还不算太差。但要清楚的是，在这一领域投资一定要谨慎。

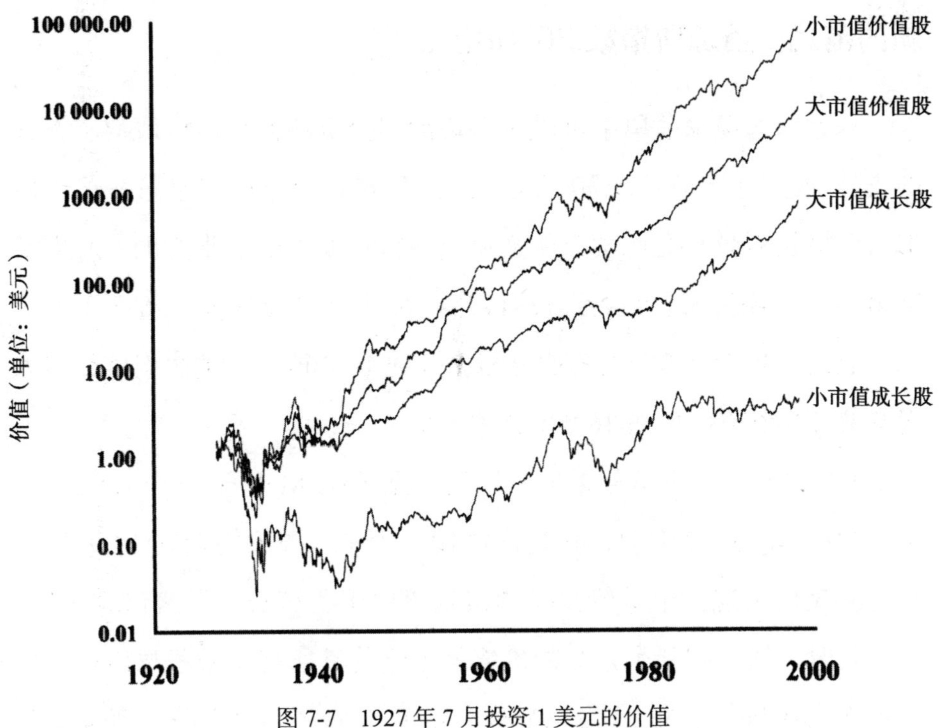

图 7-7　1927 年 7 月投资 1 美元的价值

资料来源：肯尼斯·弗伦奇。

事实上，小市值成长股凄惨的收益有点诡异，因为它们的实际收益甚至比理论上预期的收益还要低。我的解释是这些股票的投资者被征收了“彩票”溢价。就像人们买彩票一样，尽管收益率大约为 −50%，但人们仍有很小的可能会赢得头奖。投资者也是一样，他们投资于小型且快速发展的公司，有很小的机会他们所投资的公司会成为下一个微软。换句话说，这一类资产以娱乐价值弥补了收益率的缺失。

新的范式：道琼斯指数 36 000 点

从近期的畅销书单中可以看出新世纪投资的概念最近取得了充分的支持。《华尔街日报》和《亚特兰大月刊》的专栏作家——记者詹姆斯·格拉斯曼和经济学家凯文·哈塞特在他们最近出版的书《道指 36 000 点》中指出，市场远没有被高估，相反市场事实上被严重低估了。他们认为投资者应当克服道指攀升到 11 000 点时的恐惧感，因为道指的公允价值应该在 36 000 点左右。

他们选择了备受尊崇的股息贴现模型（DDM）作为分析工具。在第 2 章中提到过该模型，它是由约翰·布尔·威廉姆斯在 1938 年发明的。该模型有一个看似简单的假设：由于所有公司最终都会破产，因此股票、债券和整个市场的价值就等于将其所有未来股息或利息贴现到当前的价值总和。（格拉斯曼和哈塞特称之为“完美合理价格”，PRP。）因为未来 1 美元的股息放到今天并不等于 1 美元，因此其价值必须被减小，也即贴现，以此表明你想立即拥有这 1 美元所需付出的代价。被减去的这一部分比例叫作**贴现率**（DR）。我们很快将会看到，如果对贴现率的处理出现一丁点问题也会造成很大的麻烦。

这个模型很复杂。对未来每一年，你将当前的股息乘以 $(1+g)^n$，式中 g 是股息增长率，n 是年数，然后将其除以 $(1+DR)^n$。接下来，

你需要分别令 n 等于 1,2,3⋯，直到无穷，然后将这些公式求和。股息收益率不断变化的两阶段或三阶段模型将更为复杂，但不变增长率的模型可以简化为：

$$PRP=(div)/(DR-g)$$

式中 PRP——完美合理价格；

div——年度股息；

DR——贴现率；

g——股息增长率。

如果道指每年发放 150 美元股息，并且你乐观地估计（就像格拉斯曼和哈塞特一样）股息会以每年 6% 的速度增长，那么上述公式中唯一悬而未决的就是棘手的贴现率了。令人惊讶的是，在他们书中，格拉斯曼和哈塞特大都坚持最合适的贴现率是国债收益率，当时是 5.5%。由于股息增长率大于贴现率，市场价格的结果是无穷大（因为在本例中股息的贴现值每年都在增长，加起来当然是无穷大），这个结果连两位作者本人都无法相信。（他们弄错的地方是，6% 的股息增长率所在时期的通胀率是 4% ～ 5%，但最近 5.5% 的国债收益率暗示未来的通胀率会低得多。）因此将股息增长率下调至 5.1%，贴现率仍为 5.5%，代入以上公式可得合理的道指应为 37 500 点：

$$PRP=150/(0.055-0.051)=150/0.004=37\ 500$$

按金融学惯例，分母上的数字用小数表示，比如 0.055 表示贴现率是 5.5%，0.051 表示股息增长率是 5.1%。注意分母上的 0.004 相对其他数字来说有多小。将分母上的两个数字（0.055 和 0.051）分别向相反方向变动 1%（0.01）就会使结果变为 6250 点。如果你不满意这样的结果，你可以让估计更乐观一些，你就可以得到无穷大的道指指数。换句话说，在格拉斯曼 – 哈塞特模型中，可以通过将贴现率和股息增长率向任意方向进行微调来获得任何你想要的道指指数。

格拉斯曼 – 哈塞特模型类似于在圆木桩上平衡一头大象：任何一个微小的摇晃都会使木桩在某个方向上承受几千磅的压力。图 7-8 证实了这一点，该图展示了用格拉斯曼 – 哈塞特模型计算出的一系列贴现率所对应的道指指数。

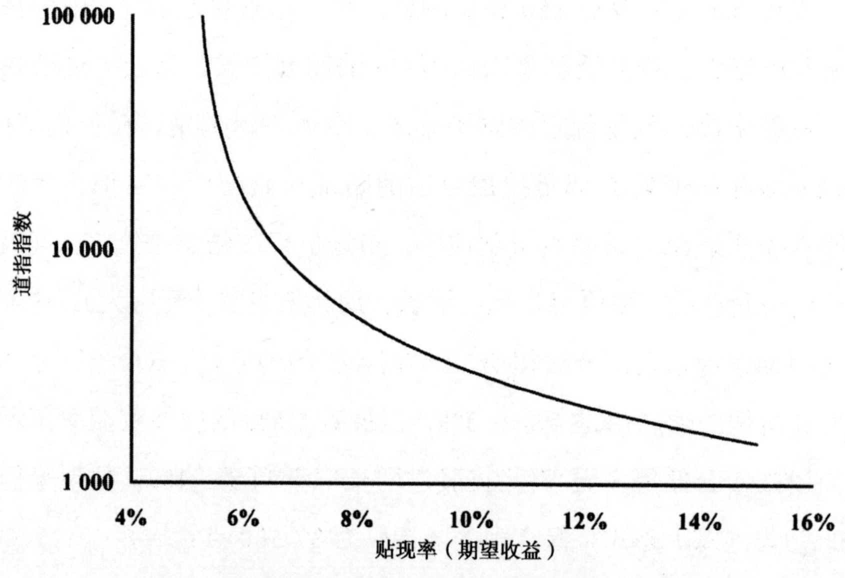

图 7-8　1999 年的股息 =150 美元，股息增长率 =5.1%

重申一下，贴现率的数值非常重要。例如，如果实际的贴现率是 8% 而不是 5.5%，那么道指的公允指数就为 5172 点。太吃惊了！股息收益率的改变也会导致同样的结果。前面说过，过去 20 年中 6% 的股息增长率包含了超过 4% 的通胀率。换句话说，真正的增长率低于 2%。因此未来的股息收益率可能会比过去低得多。将股息收益率降低 2.5% 会得到与贴现率增加 2.5% 相同的结果——道指会变为 5172 点。

那么是什么决定了道指的合理价值呢？有两个很简单的因素：货币的成本（或称无风险利率）加上对风险的补偿。

贴现率可以被想象成一个理性的贷款人向借款人收取的利率。世界上最安全的借款人是美国财政部。如果美国财政部向我借一笔长期贷款，我会收取他们 6% 的利息。在这一贴现率水平上，股息贴现模型预测出每年偿付 1 美元的永久贷款的价值为 16.67 美元。

下一个借款的是通用汽车公司。虽然没有美国政府的安全性高，但它也很安全。因此我收取它 7.5% 的利息。在该贴现率水平上每年支付 1 美元的永久贷款的价值为 13.33 美元。

最后，王牌赌场（Trump Casinos）大摇大摆地走来向我借钱。借钱给这种小丑存在的风险使我向他们收取 12.5% 的利息。这意味着每年支付 1 美元利息直到永久，却只能获得价值为 8 美元的贷款。

因此，我们对市场的股息流所使用的贴现率取决于我们对市场风险大小的认识。这里我们遇到了麻烦。根据长期数据，格拉斯曼和哈塞特观察到股市的风险事实上要低于长期国债的风险。例如，1926 年以来股票最差的 30 年期年化收益率是 8.47%，而国债只有 1.53%。

当然，在短期中情况会变得完全不同。例如，股票的一年期收益率最差为 −43.35%，债券则是 −7.78%。无论你在心里认为自己是多么虔诚的长期投资者，1987 年 10 月 19 日这一天都可能会使你震颤。

因此格拉斯曼和哈塞特关于道指的理论的争议点在于，风险对投资者来说到底是短期效应还是长期效应。两位作者的看法是，美国投资者突然延长了他们的风险的时间尺度：

> 70 年前很少有投资者明白频繁交易会降低利润，股价的波动会逐渐平息，这使得股票的风险看起来并不像起初那样大。此外，要想超越市场平均表现是很困难的，因而美国投资者们都学会了长期持有股票。

有人怀疑这两个人到底居住在哪个星球上。难道他们不知道近几十年来交易量并没有下降，反而稳步攀升吗？不知道美国国内共同基金的成交量增长率在 25 年中从 30% 上升到了超过 90% 吗？不知道最近对美国西海岸的一家大型贴现票据经纪商的 66 000 个账户进行的调查表明投资组合的年成交量平均为 75% 吗？还有，不知道只有 7% 的共同基金采用指数化策略吗？也不知道发生在 1987 年、1990 年和 1997 年的股灾并没有引来大量的长期抄底资金，反而使共同基金争相逃离市场吗？最具有权威性的反驳是一篇发表在 1995 年《经济学季刊》上的研究。在这篇研究中，什洛莫 · 贝纳茨和理查德 · 泰勒计算出投资者关注风险的平均时限为一年。

考虑短期风险和长期风险相互影响的最简便方法就是假想出一种新型的 30 年期国债，它与普通债券类似，唯一不同的是政府可以在任何时候以票面价值对债券进行赎回。很明显，可赎回债券会有高得多的价格和更低的收益率，因为它消除了短期内价格下跌的风险。但在格拉斯曼和哈塞特的理论中，由于投资者只关注长期收益，该债券的价格将会与普通债券相等，因为二者拥有相同的到期收益率。

退一步讲，即使承认了格拉斯曼和哈塞特的理论，即投资者越来越关注股票的长线投资且道指会冲上 36 000 点，我们也必须思考股票在这个点位的风险有多大。这两位作者忽略了一个相当麻烦的事实：最近的市场走势对贴现率影响巨大。在 1928 年，就像今天一样，每个人都是“长线投资者”，股票的贴现率非常低（尽管也许没有今天这么低）。5 年后，随着长线投资者的消失殆尽，贴现率又大幅上升。在道指为 36 000 点时，贴现率不需要多大的变动就可以使无风险的股票世界瞬间崩塌。即使投资者认为自己只需要极少的 1% 的风险溢价，道指也会跌去 2/3。令人讽刺的是，即使短期内股市真的会冲上 36 000 点，持有股票的风险也会随股指上升而急剧增大。

即使忽略掉这些崩盘的情况，格拉斯曼和哈塞特的理论也并不是很诱人，因为贴现率还存在着一个显著的问题，即资产的贴现率等于其期望收益率。如果 36 000 点是道指的公允点位，此时的贴现率是 5.5%，那么股票未来的收益率也是 5.5%。假设未来 30 年的平均通胀率是 2.5%，那么实际收益率就只有 3%。理性的投资者为什么会在可以投资 4% 保底收益率的通胀保值债券时还会选择收益率只有 3% 的股票呢？

道指 36 000 点还有一个更加根本的问题。首先，考虑一下 5.5% 的股市长期收益率。公司的“资本成本”必然等于股票的长期收益。拥有如此低的（5.5%）资本成本的公司是不会仔细考虑如何花这笔钱的。资本成本更低的网络股公司挥金如土的行为是不被鼓励的。（更宽泛地说，美国人在对待 5.5% 的资本成本时能有多谨慎？）

这就是说，投资范式偶尔确实会发生永久性巨变。我们已经提过 1958 年发生的事，那时股票收益率第一次低于债券收益率。当时几乎所有金融学者都大呼这是不正常的状态，并称股价注定会下跌，股票收益率会再次上升从而使市场回到旧秩序。然而股市从不走回头路：股价继续上升，股票收益率比债券收益率更低了。（新范式同样是痛苦不堪的，1958 年也是债券市场自从亚历山大·汉密尔顿时代以来最糟糕的熊市的开端。）今天，股票收益率比债券低 4% ～ 5%，因此我不会立即否定道指 36 000 点的说法，但我对此抱有怀疑态度。（连作者自己都承认他们的观点可能是错的，因此在他们的组合中持有了 20% 的债券。）

套期保值：货币效应对外国股票持有人的影响

外国股票和债券的持有人不仅要承受该证券的内在风险，还要承受汇率波动的风险。例如，以英镑计价的债券价值会随着英镑兑美元汇率的变动而变动。这种汇率风险可以通过在期货市场卖出英镑期货合约来消除（套期保值，也称为对冲操作）。在实物世界中，你必须先购买一件事物才能出售它。但是在金融世界中，你可以经常在买入之前先进行卖出，这叫作卖出期货合约（这与“做空”股票类似）。

汇率期货合约空头头寸的价值随着汇率下跌而上升，反之亦然。对外国债券来说，因为汇率变动导致的债券价格变动正好被期货合约的反向变化所抵消，结果是套期保值后的债券要比未套期保值的债券有更低的风险。

然而，对外国股票来说，情况要复杂得多。考虑一下截止到 1999 年 10 月的 20 年时间段。套期保值后的欧洲股票（摩根士丹利资本国际指数欧洲部分）的年化标准差在这个阶段是 14.92%。（套期保值后的指数是以欧洲投资者本国货币计价的收益。也叫本地收益。）过去数十年中外汇市场极其动荡，欧洲国家货币的年均标准差为 10.44%。然而，因为货币收益与股票收益无关，以美元计价的欧洲股市收益率为 16.25%——仅仅略高于套期保值（本地货币）后的指数收益率。并不难发现，短期中套期保值事实上增大了欧洲股票投资组合的风险。

现在你已经能够明白，尽管未套期保值的外国股票风险略高于套期保值后的股票，但这并不能说明前者的投资组合表现就比后者要差。为了研究这一问题，我考察了 1979 年 11 月到 1999 年 10 月期间三种资产的市场表现：广义的美国市场（由 CRSP 1-10 指数代表）、未套期保值的以及套期保值后的 MSCI 欧洲指数。一个问题很快显露出来——这三种资产的收益率有一些不同。套期保值后的欧洲指数收益率是 13.43%，但汇率的变动使未套期保值的投资组合猛增到 15.18%。此外，像我们在第 4 章中看到的那样，在 20 世纪 80 年代和 90 年代，美国国内股票收益率要高得多——17.21%。这个阶段无论外国股票是否进行套期保值，其收益都很惨淡，只有国内股票才是最好的选择。

为了纠正这些偏见，我将未套期保值的欧洲和国内股票的收益率降低到与套期保值后的欧洲股票相等的 13.43%，来观察这些资产的

风险 – 收益特征（见图 7-9）。可以看出，套期保值后的组合（图中左边的曲线）比未套期保值的组合（图中右边的曲线）有着更低的风险，但收益也更低。要注意纵坐标轴上狭窄的单位尺度——每个数值之间只有 10 个基点的差距。因此这两个组合的收益率基本是相等的，是否进行套期保值对收益率影响不大。但是，真实世界中不存在完全一样的两种事物。在未来数年中汇率风险很可能会带来很大收益或导致惨重损失，而且我们无法对此进行预测。

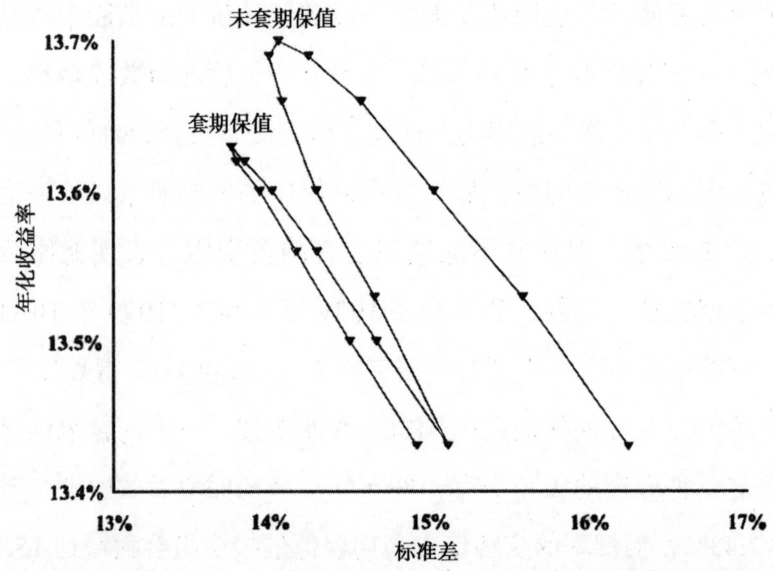

图 7-9　美国与欧洲在 1979 年 11 月到 1999 年 10 月之间的套期保值效应

幸运的是，套期保值的优势（降低单一资产的风险、带来正收益）和劣势（增强了与其他资产的相关性）在很大程度上相互抵消了，在长期中是否套期保值对风险和收益的影响都不大。然而，在短期中，这种影响可能会相当大。例如，在 1984 ～ 1986 年和 1994 ～ 1995 年美元迅速贬值的年代，未套期保值组合的市场表现比套期保值后组合好得多，而在 1998 ～ 1999 年汇率逆向变动时情况则正好相反。

对那些计划将他们的退休金投资于欧洲和日本的投资者，不进行套期保值会降低他们的最终风险。换句话说，由于他们的债权是以外国货币计价的，不进行套期保值会增大他们获得足够收益的可能性。

数学细节

套期保值的辉煌

为了能够更全面地看问题，我们必须把套期保值的成本也考虑进来。对机构型共同基金来说，套期保值的手续费、佣金和机会成本都微不足道，大概最多也不超过十几个基点。套期保值真正的风险来源于远期汇率合约本身。当我撰写本书之时，英镑、日元和德国马克的即期汇率（兑美元）和 6 个月远期汇率（兑美元）分别为：

	英镑	日元	德国马克
即期汇率	\$1.623 9	\$0.009 758	\$0.521 9
6 个月远期汇率	\$1.624 5	\$0.010 052	\$0.528 8
远期升水	0.04%	3.01%	1.32%

当进行套期保值时，你按远期价格卖空头寸，并在之后的某个日期买回它。如果你卖空 6 个月远期合约，并等到合约到期时买回它，你就相当于以现货价格购买了该种货币（也称作“轧平头寸”）。如果期间现货和远期价格不发生改变，你将获得与远期升水（指现货和远期之间的差价）相等的收益。这种收益对英镑来说可以忽略不计，对日元是

3.01%，对德国马克是 1.32%。事实上，你从对汇率的套期保值中获得了报酬。（这是因为套期保值后，利率成本降低了与各国货币远期升水相等的数额。如果你在高利率情况下打算对一种不稳定的货币进行套期保值，比如说卢布，那远期升水将会是很大的负值，这样套期保值的成本将会是巨大的。）

此外，如果你拥有与套期保值数额完全相同的股票或债券，只要远期升水保持不变，无论汇率怎样变化你都能获得与远期升水相等的收益。

你可能会认为远期汇率可以用来预测未来的真实汇率，但事实不是这样的。例如，日元远期升水如此之高（6 个月 3%，也即 1 年 6%）的原因是日本的利率实在太低了。日元的远期升水似乎在向那些持有 5 年期日本债券（目前的收益率是 1%）的美国投资者传达这样的信息："不要为低收益率担心，你的损失将会被一年 6% 的货币升值所弥补。"然而，汇率的历史数据表明这种事情并不会发生。在过去的数十年中，通过购买汇率远期溢价为负值（贴水）的发达国家未套期保值的高收益债券，全球的债券基金经理们赚取了大量利润。他们押注于汇率的贬值幅度不会像远期溢价预期的那样高。产生这样的市场非有效性可能是由于汇率市场最大的参与者是政府。政府与个人投资者和机构投资者不同，其投资的主要目的并不是盈利，而是作为一种防范外汇风险的手段。

最后要注意的是，在回顾历史数据时也要考虑套期保值的成本。杰里米·西格尔在《股市长线法宝》中指出，1910 年 1 英镑价值为 4.80

美元，而如今只值当时的 1/3。有人可能会认为对汇率的套期保值会增加投资英国股票的收益。错了。由于英国的利率一直以来几乎都高于美国利率，套期保值的成本因此是非常巨大的，不进行套期保值反而会更好。

汇率套期保值额度多少才合适，这是投资者面临的众多难题之一。无论均值－方差分析还是电子表格分析都无法给出明确的答案。事实上答案已经给你了，在本书第 8 章中所有推荐给你的外国股票指数都没有进行套期保值，而唯一低成本的外国债券基金是进行过套期保值的。我们已经看到，这并不是一个糟糕的策略。

更重要的是，要知道套期保值的程度会强烈影响短期内外国股票和债券基金的业绩。如果你的一只基金在某个年份表现差劲仅仅是因为你为贬值的美元进行了套期保值，不要为此烦恼。只要你的基金坚守套期保值的策略，当汇率波动时你将获得回报，而汇率波动的情形几乎总是在不停地发生。

动态资产配置

动态资产配置是指根据市场情况的变化而改变你的政策性配置的可能性。之前我在本书中已经花了很大篇幅告诉你固定配置的优点，为什么在书的最后又放松了这一规则呢？改变政策性配置不就相当于已经被我们论证为无利可图的市场时机选择的策略吗？

在深入讨论前，让我先把话说清楚：坚守固定的政策性配置并定期调平是很困难的。一般人需要花很多年来适应这个策略，很多人因此失去了坚持到底的勇气。你在学会驾驶教练机之前不可能掌控喷气式战斗机；类似地，你不应该在掌握固定资产配置策略前就去尝试动态资产配置策略。

在本书 1995 年的版本中，我举了一个例子来说明朝与市净率相反的方向改变的股票和债券配置是如何使风险调整后的收益略微提升的。但这个例子现在已经不正确了，因为对市净率敏感的投资者在去年就已经完全退出市场了。但是，图 7-10 反映了市净率和未来 5 年平均收益率的关系。尽管存在一些偏离的点，整幅图仍然显示了一种明显的趋势，即市净率低则收益率高，市净率高则收益率低。图中最值得注意的是最底部的数据点近似组成了一条直线，这条直线表示给定市净率下能获得的最小收益率。当市净率为 1.5 时，未来 5 年的平均收益率能够保证为 2%；市净率为 1.25 时，平均收益率为 7.5%；市净率为 1.0 时平均收益率则为 13%。这个关系有用吗？所有人都这么想。但是，图 7-10 很好地提醒了人们一点，即股票的未来收益率会随着股价升高而降低，随着股价下降而升高。

尽管如此，偶尔将你的配置改变成股票价值估计的相反方向并不是什么坏主意。如果两年前你认为在新兴市场领域最合适的敞口是 6%，那在最近该领域表现狂热的情形下，7% 或 8% 的敞口未必就不合适。如果 3 年前你的投资组合中 40% 为标准普尔 500 指数股票，那在当前泡沫浮现的市场环境下或许选择 35% 的比例并不是坏主意。你应该这样思考——当为了实现目标配置而进行调平时，你购买了更多价格下跌的资产，因此你的组合变得便宜了。当一种资产价格下降并且便宜时，你增大了其在目标配置中的权重，你就是在使用一种更有力的方法——“过度平衡法”。一种简单的过度平衡方法是轻微地增加某种资产在目标配置中的比例——比如该资产价格每下跌 1% 就将其比例上调 0.1%，反之亦然。

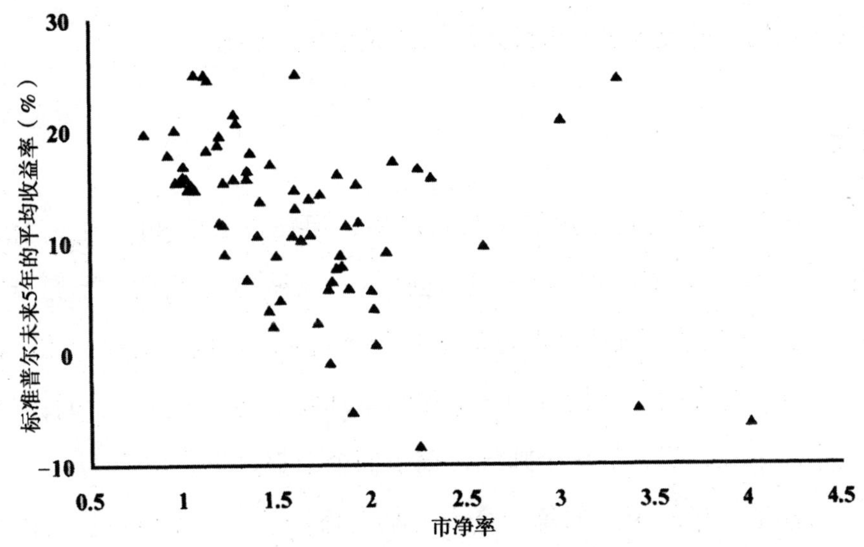

图 7-10　股票未来 5 年的收益率与市净率的关系，1926 ～ 1993 年

动态资产配置之所以受到不公正的指责，是因为大多数投资者都会受政治经济环境的影响而改变他们的配置。我们已经说过，这是一种失败的方法。我的观点是，根据纯粹的市场估值来改变资产配置很有可能会增加收益。调平需要勇气和决心，过度平衡则更需要这两种稀有的品质。无论散户还是机构投资者，很少有人能对此驾轻就熟。

行为金融学

本书最重要的前提是，理性的投资者会根据当前现实的投资情况做出有逻辑性的抉择。但这里有一个问题。人类并不是理性的。过去数十年中行为金融学取得了飞跃发展，该学说致力于研究那些在逻辑上困扰投资者的矛盾和缺陷。有 3 种人类行为值得讨论：自负、近因效应（我们之前提到过）和目光短浅的风险厌恶心理。

自负

有些读者可能天生就不喜欢听广播，但在过去的 20 年中，节目主持人、作家兼歌手加里森·凯勒创作了一档故事栏目叫《草原一家亲》，栏目中的故事发生在明尼苏达州一个名叫乌比冈湖的虚构的小镇上。凯勒先生在每一期栏目的开头和结尾都要在乌比冈湖上吟诵：“女人们个个强壮，男人们个个帅气，孩子们个个都卓越非凡。”

同样地，华尔街上的每一个人也都自命不凡。作家格雷格·伊普在 1998 年 9 月 14 日的《华尔街日报》上的“与市场同行”专栏中发表了一篇关于投资者偏见的文章，他研究了在 1998 年夏天市场下跌之后投资者态度的转变。他将投资者期望收益率的变化制成了如下表格：

期望收益率	1998 年 6 月	1998 年 9 月
接下来 12 个月，自己的组合	15.20%	12.90%
接下来 12 个月，市场整体	13.40%	10.50%

这张表中最引人注意的是，普通投资者会认为他们的业绩比市场高出两个百分点。尽管有很多投资者的表现事实上比市场的表现要

高几个百分点，但从数学角度来说投资者的平均水平不可能也是这样。事实上，如同我们所说，投资者的平均水平必然等于市场收益减去交易成本。甚至人类本性的最随意观察者也不应为这一悖论感到惊讶——普通人总是自负。

自负的人在大自然中似乎有存在下去的理由，但在金融世界中则并非如此。考虑以下几点：

- 在一项研究中，82% 的美国司机认为自己驾车的安全性排在前 30%。(不意外，在瑞典这个比例要低得多。)
- 在另一项研究中，81% 的创业者认为他们有很大可能会成功，但他们中只有 39% 的人真正能够成功。
- 几个来自比尔斯顿的家庭主妇成立了一家投资协会，她们算错了自己的投资组合的收益，随后写了一本畅销书讲述她们投资成功的原因。

自负的原因很有趣。我们所从事的工作越复杂，我们就会越自负。校正（反馈结果）的速度也是自负产生的一个因素。我们的行为和反馈之间的间隔时间越长，我们就越自负。例如，气象学者、桥牌玩家和急诊室的内科医生通常能得到很快的反馈，但大多数投资者却不能。

近因效应

在上面有关期望收益率的表格中，第二个惊人的地方是在 1998 年

9 月股票价格大幅下降之后，投资者对股票收益率的期望比 6 月份时要低。这是很不合常理的。思考一下以下问题：在 1 月 1 日，你以 300 美元的价格买入一枚金币。在下个月，金价下跌，你的朋友只花了 250 美元就买到了同样一枚金币。10 年后，你们同时卖出自己的金币，谁能获得更高的利润呢?

投资者基本上都会选择正确的答案——你的朋友。他买金币时比你少花了 50 美元，因此在卖出金币时会比你多挣 50 美元（最差也是少亏损 50 美元）。再看这个例子，理性的投资者会从下跌的股价中计算出更低的期望收益率，这很令人惊讶。这种现象产生的原因就是行为科学家所称的近因效应——我们倾向于过度重视最近的数据而忽视早期的数据，尽管早期数据更加翔实。最近的一些谈话节目试图说服那些投资经验不足 5 年的人不要期望在长期会获得 20% 的收益。谴责近因效应吧！它将最近的数据变得壮观或者令人心烦，完全掩盖了更重要的长期数据。

这一切都很有趣，但是这种形而上学到底有什么用呢？首先，它揭示了为什么大多数投资者都是“凸性”的。这个术语是由学者威廉·夏普和安德鲁·佩罗德创立的，用来描述一种“投资组合保险”策略，即在股价升高时买进，在股价下跌时卖出。“凹性”策略则正好相反——在股价上升时卖出，在股价下跌时买进。这两种策略都有吸引人的地方，但夏普和佩罗德提出了一个意义更加深远的见解：在凹性投资者的世界中，做一个凸性投资者是有利可图的，反之亦然。金融史表明，由于近因效应的存在，绝大多数股票投资者都是凸性的——即当股价上升时，投资者不理性地预计收益率会上升，因此他们会买进更多股票。如果绝大多数投资者都表现出凸性，那么理性的投资者就是凹性的。(债券投资者受近因效应影响较小，因此凸性较弱。这大概是因为债券价格的下跌会使债券最明显的特征——当期收益率变得更加吸引投资者注意。)

目光短浅的风险厌恶心理

人类遇到的风险总是短期性质的，这理应如此。在大自然中，我们的祖先关注近期风险的能力要比规划长远战略的能力更有生存价值。不幸的是，在当今社会中，尤其是在投资世界中，对短期风险的迷恋是没有多少价值的。

对潜在短期损失的过度关注被称为目光短浅的风险厌恶心理。在第 2 章中，当看到股票的长期表现优于债券时，你可能会问这样的问题，“为什么不是每个人都购买股票呢？”很明显，事实上长期来看债券的风险要大于股票，在任何一个 30 年期中股票的表现都要优于债券。很多学者将这种现象称为“股票风险溢价之谜”，即为什么股票在收益率如此之高并持续超过其他资产的同时还能保持如此便宜的价格。答案在于人类数百万年进化史所遗留下来的原始本能，它使我们在面对突然损失 30% 的流动性净资产时非常痛苦，这种痛苦程度超过了我们未能完成长期理财目标所造成的更大损失带来的痛苦。这个问题有多糟糕？我之前已经提到过什洛莫 · 贝纳茨和理查德 · 泰勒（他们都是行为金融学界最耀眼的明星）极为睿智的论文，该论文研究了风险溢价和投资者偏好之间的关系。他们预计一般投资者的风险时间尺度大约是 1 年。这的确很目光短浅。

苏格拉底告诉我们，“混沌的人生不值得过”。对于当代投资者来说，自省的缺失对钱包和灵魂是一样有害的。

·总　结·

1. 差公司的股票通常表现出色，而好公司的股票通常则表现差劲。价值投资可能会带来最高的长期收益。

2. 汇率的套期保值在短期中会对投资组合的表现有重要影响，但在长期中则影响甚微。

3. 时刻微调你的资产配置是允许的，只要你按照与估值变化相反的方向进行微调即可。

| 第8章 |

执行你的资产配置策略

《全金属外壳》这部电影讲述了一队海军陆战队员在越南的经历，影片中有一个令人印象深刻的片段。故事围绕着一名落入一群头发灰白的老兵中间的青涩的年轻记者展开。海军陆战队有自己的行话，在对记者开了几分钟善意的玩笑后，一位上士向这个记者发起了挑战："我看你总是说得很好，但你能说做就做吗？"同样，理解资产配置的理论很简单，但是成功完成这个过程则是另一回事了。

选择你的资产配置

到现在为止，你应该对如何进行资产配置有一个很好的主意了。如果没有，那我可以带你回顾一下整个流程。这基本上等于对第 5 章讨论内容的重现，唯一不同之处就是我改变了各个步骤的顺序：

1. **决定你投资组合中股票和债券中的基本配置。**首先问自己一个问题，"为了获得最大收益，每年我愿意承受投资组合的最大损失是多少？"表 8-1 总结了决定你风险耐受力的方法。

表 8-1 股票与债券的配置比例

为了获得更高收益，我能承受我的组合中___的损失	组合中股票的推荐比例
35%	80%
30%	70%
25%	60%
20%	50%
15%	40%
10%	30%
5%	20%
0%	10%

在本书的前几版中，我让风险耐受力最强的投资者持有 100% 的股票。然而，从目前来看，股票和债券的未来收益率似乎不再有很大差异，因此我推荐所有投资者都持有一部分债券。

表 8-1 中推荐的股票比例应该根据你的投资年限进行修订。你投资股票的最大比例应不超过投资年限的 10 倍。例如，如果你 2 年后要花这笔钱，你的股票比例就不应超过 20%，如果你 7 年后需要这笔钱，你的股票比例就不应该超过 70%。

2. 决定你能够承受多大的复杂程度。你能得心应手地同时持有 6 种资产吗？你是一个热衷于环太平洋小型公司股票或新兴市场价值股这一类奇特资产的“资产类别爱好者”吗？

对于新手，你至少需要 4 种资产：

- 美国大型公司股票（标准普尔 500 指数）
- 美国小型公司股票（CRSP 9-10 指数、罗素 2000 指数或 Barra 600 指数）
- 外国股票（EAFE）

- 美国短期债券

如果你将这些全部掌握了，那很好。以上 4 种资产会提供给你所需要的绝大部分分散化效果。如果你能承受更复杂的配置，推荐给你一种更加细化的配置：

- 美国大型公司股票（市场股和价值股）
- 美国小型公司股票（市场股、价值股和 REITs）
- 外国股票（欧洲股票、日本股票、环太平洋股票、新兴市场股票和小市值股票）
- 美国短期债券

3. 决定你能够承受多少跟踪误差。你是那种将自己的收益频繁与道琼斯指数或标准普尔 500 指数对比的投资者吗？当你的股票组合表现不如他人时，你会感到沮丧吗？如果你是这样的人，那你可能应该考虑在你的资产配置中重仓美国大型公司股票，这样你的投资组合的表现就不会与国内基准指标相差太大。

纳税筹划

往往在投资说明书的最后几段，巨大的障碍总是不期而至，这个障碍就是“税收”。如果你所有的资产都分布在诸如个人退休账户、基奥计划、401k 计划、403b 计划、私人养老金计划或年金一类的避税工具保护之下，那么税收就不是问题。但是，如果你的资产很大一部分是应税的，你就应该仔细关注这个问题。例如，标准普尔 500 指数是一种相对避税的指数，但小市值股票指数则是另一回事。这些指标以及跟踪它们的基金都有很高的换手率。更糟糕的是，价格大幅上涨的股票通常会从小市值股票指数中剔除，并加入到中市值或大市值股票分类中，这就增加了大量不合理的资本利得。外国小市值股票也是如此。

价值型指数基金也是如此——无论其投资的是小市值股票还是大市值股票。一只股票被移出价值股分类的主要原因是，股价上升经常会使股票进入成长股分类中。这同样产生了我们不想要的资本利得。

REITs 呈现出更严重的问题。由于这种资产的绝大部分收益来源于股息，因此其收益是要按你的最大边际税率缴税的。所以这种资产可能不适合放在你的应税账户中。

最后，债券也有类似的问题。根据你的居住地选择一款相应的市政债券基金或国债可能是有利可图的。

指数化：先锋基金和 DFA 基金

到此，我们终于能够考虑个人投资工具了。在本书的前几版中，我对个人基金的选择采用了折中的态度，但最近形势的发展使基金选择变得容易了，因为从基金领域的领导者先锋基金和空间基金管理公司（DFA）可以获得各种各样的指数化投资产品。

先锋基金集团的公司结构在整个基金行业中独树一帜，该集团由自己所管理的基金所拥有，也即被基金份额持有人所拥有。换句话说，该基金所有的利润都会被重新分配给基金本身，也就是像你一样的投资者。几乎其他所有基金都是由公司的股东所拥有，或者被私人拥有：基金赚得的利润很少会回流到基金份额持有人手中。这是一个很重要的区别。大多数基金公司都通过向份额持有人征收（有人认为应该是“榨取”）高额管理费来盈利，因而“费用比率”这个概念就成了基金投资的核心。由会计、投资者服务和管理费用所构成的基金费用从基金实际的投资收益中扣减。美国股票型基金的平均费用比率为1.32%，外国基金的费用比率则为接近2%。此外，正如我们在第6章所见，费用比率仅仅是一个开始，之后的佣金、价差和冲击成本会使你的收益继续降低。先锋基金当然也有这些成本，但由于指数型基金较低的换手率，这些费用相比于传统的主动式基金要低得多。

以下是我推荐的一些先锋股票型基金：

1. 先锋50指数基金。这是所有指数型基金的鼻祖，它跟踪的是标准普尔500指数。在一年左右的时间里，它将成为世界上规模最大的基金。该基金是长线投资者的一个很好的选择，它尤其适合在免税账户中投资，但对应税投资者来说则有一定的缺陷。标准普尔指数会定期向指数中增加或删减股票，因此指数型基金会相应地调整其投资组合，从而产生税收。因此，我向应税投资者推荐两个替代的选择——先锋全股市指数基金和先锋税收管理型成长收入基金。

2. 先锋税收管理型成长收入基金。这种先锋500指数基金的税收管理版本尝试将税收最小化，方法则是先卖出高成本的股票然后再赔本卖出其他头寸来对冲盈利收入。要注意这种基金有着更高的最低买入金额，最少要求购买 10 000 美元（普通的基金是 3000 美元）。此外，当你在 1 年内赎回份额时需要交纳 2% 的赎回费，5 年内赎回的费率则是 1%。

3. 先锋全股市指数基金。该基金跟踪威尔逊 5000 指数（该指数现在包含超过 7000 只股票），尤其适合应税投资者。由于它拥有“整个市场”，只有在公司因缺钱被收购时，它才会卖出股票。该基金由 75% 的大市值股票、15% 的中市值股票和 10% 的小市值股票构成。

4. 先锋价值型指数基金。该基金跟踪标准普尔 500 指数中市净率排在后 50% 的股票。按这个独特的划分标准，标准普尔 500 指数可以分为 380 只价值股和 120 只成长股，这是因为后者单只股票的市值比前者大得多。由于这种策略会产生很高的换手率，因此它并不适合应税投资者。我认为先锋基金迟早会推出税收管理型大市值价值股策略，但目前为止他们还没有推出。

5. 先锋小市值股票指数基金。该基金跟踪罗素 2000 指数。它只适合在避税账户中进行投资。

6. 先锋税收管理型小市值股票基金。对于应税账户，该基金使用上面提到过的税收管理策略。该基金的最低投资额是 10 000 美元，并有着和税收管理型成长收入基金相同的 1% 和 2% 的赎回费。该基金还收取 0.5% 的申购费，用于冲抵该领域的买卖价差和冲击成本。

7. 先锋小市值价值股指数基金。该基金只适用于避税账户，因为它拥有较高的换手率和分红。它同样收取 0.5% 的申购费。先锋基金目前并没有推出税收管理型小市值价值股基金。

8. 先锋欧洲和太平洋股票指数基金。这类基金的换手率较低，适合在应税账户中投资。其中太平洋股票指数基金主要投资于日本股票，日本股票在基金投资组合中的比例达到了 80%。

9. 先锋新兴市场股票指数基金。由于存在很高的买卖价差和交易成本，该基金收取 0.5% 的申购费和 0.5% 的赎回费。该基金的长期分红数额不得而知，因此尚不清楚它是否适合在应税账户中投资。但是，先锋基金在最小化基金交易成本方面有着悠久的历史，因此它对这一领域高昂的交易成本极其敏感。

10. 先锋全球股票指数基金。该基金适用于那些推崇简单化投资组合的投资者。它适合在应税账户中投资。该基金还有一个税收管理型版本，它与其他税收管理型基金一样，都有着 10 000 美元的最低投资额和相同的赎回费用，此外它还收取 0.25% 的申购费。

11. 先锋房地产投资信托（REITs）指数基金。由于几乎所有的 REITs 的长期收益都来源于股息，该基金只应当在避税账户中投资。投资期不满 1 年的赎回需要交纳 1% 的赎回费。

虽然在指数型资产方面先锋基金很难被战胜，但先锋基金的确有一些软肋，尤其是在税收管理型价值股领域。此外，先锋基金缺乏全球小市值和全球价值股领域的投资工具。如果你必须要进入这些领域，你就得求助于空间基金管理公司。空间基金管理公司（DFA）位于圣莫妮卡市，它的投资策略是由一些金融经济学界的著名人物设计的，比如基尼 · 法玛、肯 · 弗伦奇和雷克斯 · 辛克菲尔德。DFA 几乎提供了你能想到的所有类型的指数型基金：美国大型公司股票，美国大市值价值股，全球大型公司股票，全球小市值价值股，英国、日本、欧洲和环太平洋地区小型公司股票以及新兴市场小市值股票和价值股。此外，DFA 还提供外国股票和国内股票的税收管理型基金。DFA 的费用几乎和先锋基金一样低。你可以通过注册认证的理财顾问来对 DFA 的基金进行咨询了解，当然理财顾问会向你收取一定的费用。另外，你必须通过“基金超市”（比如施瓦布、先锋、沃特豪斯）来购买该基金，每次的交易费用为 24 ～ 50 美元。如果你一定要购买这类基金，你可以向收费合理的理财顾问进行相关咨询，这是非常值得的。

环球小市值股票投资是一个特别的问题。在本书的前几版中，我推荐橡果国际基金和特维迪布朗环球价值股基金，这两只基金在过去的数年中的实际表现非常出色。唯一的问题是它们并不是真正意义上的小市值股票基金。尽管它们的市值相对处在中低水平（1999 年 4 月的市值分别为 10.35 亿美元和 25.43 亿美元[⊖]），但相比于其他小市值股票基金，它们和摩根士丹利资本国际指数以及标准普尔 500 指数这样的大市值股票指数有着更高的相关性。因此，这两只基金表现出色并非因为它们是小市值股票基金，相反它们是市值为中高水平的外国股票基金。如果你想要真正投资于全球小市值股票，你可以选择向理财顾问咨询 DFA 的基金，或者期待先锋基金有朝一日能够推出全球小市值股票基金。

⊖ 资料来源：晨星公司。——译者注

表 8-2 总结了先锋基金和 DFA 的各种指数基金，其中包括：同时适合应税和避税投资的基金、仅适合避税投资的基金、仅适合应税投资的基金（税收管理型基金）。有人会注意到表格中没有成长型指数基金。尽管近年来大型成长股投资取得了卓越的表现，但我坚信在长期中成长股投资是一个坏主意，尤其是在小市值股票领域。无论如何，将标准普尔 500 指数和小市值股票指数按市值加权组合，事实上可以作为成长股的替代品。

表 8-2　股票指数基金总结

适合避税和应税账户	只适合避税账户	只适合应税账户（税收管理型）
先锋基金公司	先锋基金公司	先锋基金公司
500 指数基金	价值型指数基金	税收管理的增长和收入型基金
全部股票市场指数基金	扩展市场指数基金	税收管理的小市值基金
欧洲股票指数基金	小市值指数基金	税收管理的国际基金
太平洋股票指数基金	小市值价值型指数基金	
新兴市场股票指数基金	REITs 指数基金	
	全部国际股票指数基金	
DFA	DFA	DFA
美国大型公司股票基金	美国大市值价值型股票基金	税收管理的美国市场价值型基金
大市值国际股票基金	美国 6-10 小型公司股票基金	税收管理的美国 5-10（小）价值股票基金
	美国 9-10（微）小型公司股票基金	税收管理的美国 6-10 小型公司股票基金
	房地产基金	税收管理的国际价值型股票基金
	国际价值型基金	
	国际小型公司基金	
	国际小市值股票基金	
	英国小型公司股票基金	
	欧洲大陆小型公司股票基金	
	日本小型公司股票基金	
	新兴市场基金	
	新兴市场小市值股票基金	
	新兴市场价值型基金	

指数化投资的一个新进展是所谓的交易所交易基金（ETF），这种基金有多种规模和类型。最流行的一款是蜘蛛基金（SPDRs）[⊖]，其建立在标准普尔 500 指数的基础上。这些基金可以像股票一样在美国证券交易所中交易。相比于传统基金，它们有优势也有劣势。优势是，它们一整天都可以进行交易，而传统基金只有在交易日结束时才能被定价。SPDRs 不会产生较大的资本利得，因此纳税比传统的标准普尔 500 指数基金少。劣势是，ETF 的购买和出售都需要支付佣金和买卖价差，因此持有 ETF 要更昂贵一些。此外，ETF 只在每季度末进行股息再投资，因此相比于连续股息再投资的传统基金，ETF 的业绩要落后一些。从整体来说，如果你不是一个主动型交易者，对你来说 ETF 和传统基金相比并没有真正的优势。还有一种交易所交易基金叫作 QQQ，它跟踪的是纳斯达克 100 指数，此外还有一些新型蜘蛛基金跟踪标准普尔部门指数。另外还有跟踪各个外国股票指数的 ETF，称为世界股票指标证券（WEBS）。对于这种基金我可以给出明确的建议——离它远远的。在过去数年中，WEBS 的业绩比对应国家的股票指数平均每年低 2%，这源于其过高的费用和换手率。尽管在投资组合调平方面，WEBS 相比于先锋基金和 DFA 有一定的理论上优势，但实际上这些潜在优势已经被它们在费用上的劣势所抵消了。

⊖ SPDRs 是由总部位于波士顿的金融投资管理商道富环球投资顾问推出并管理的交易所交易基金大家族的总称。首先在 1993 年由 SSgA 与美国证券交易所（AMEX）合作推出的全球第一只 ETF，是以标准普尔 500 指数为追踪标的的标普存托凭证（Standard & Poor's Depositary Receipts，SPDR）投资信托基金。由于 SPDR 的发音和英文蜘蛛（Spider）相近，而道富与美国证交所推广这些 ETF 的广告中一贯出现一只令人印象深刻的吐丝蜘蛛，蜘蛛从此成为市场与投资者对这些 ETF 约定俗成的昵称。——译者注

未来几年将见证ETF资产的爆炸式发展，对消极型投资者来说，这在长期中这可能是一件好事。但是，在购买这些投资工具之前，我要证实一点，即至少在1 ～ 2年中它们的业绩落后于对应指标指数的程度不会超过它们的费率，并且它的费用不会太高。

债券

本节中，应税债券和避税债券的区别就更加明显了。在我撰写本书时，几种先锋短期（期限为2 ～ 3年）债券基金的收益率如下：短期公司债基金为5.95%，短期国债基金为5.25%，有限期免税基金为3.71%。

对避税投资者来说，完全不用思考——只需要选择收益率最高的短期公司债基金就行了。对应税投资者，情况要复杂一些。假设你的联邦边际所得税率是36%，你所在的州征收5%的收入所得税。国债基金要缴纳联邦税但不用缴纳州政府税，因此税后收益率是3.36%。免税基金要缴纳州政府税但不用缴纳联邦税，因此税后收益率为3.52%。公司债基金两种税都要交，税后收益率为3.62%。目前看来，短期公司债基金略胜一筹。但是，这些基金的关系每月都在发生变化，并且不同期限的债券基金之间的关系也不同。

目前外国债券基金的情况很不乐观。由于先锋基金的名誉主席博格不喜欢持有外汇敞口，先锋基金没有提供低成本的国际债券基金。因此对新手来说，最好的选择大概是斯坦迪什国际固定收益基金。但这个基金的最低投资额是 10 万美元，即使通过一些特定的金融超市进行购买也仍需最少 1 万美元。它是完全套期保值的，费率也很合理，为 0.53%。美国世纪和 T.Rowe Price 金融集团提供未套期保值的基金，它们拥有较低的投资门槛，但却有较高的费率（约为 0.8%）。空间基金管理公司有两只优质的短期全球债券基金（进行了套期保值），费用很合理。目前，欧洲和日本国债的收益率事实上要低于美国国债，为这些基金平均支付息票的 12% ～ 20% 实在是不明智的。

我对联邦债券基金、公司债券基金和市政债券基金的总体建议是，使用先锋基金的短期和中期基金。如果你在这一领域的投资至少为 5 万美元，你可以考虑使用国债阶梯，随后我会简要介绍这种投资工具。对于外国债券基金，除非你已经是空间基金管理公司的客户，或者先锋基金开始推出相关产品，否则远离这一领域。

国债阶梯

最后，对于那些想在债券中投入资金超过 5 万美元的投资者，可以考虑使用债券阶梯。国债可以通过无价差拍卖的形式在大多数经纪商处购买到。购买价值为 2 万美元的 5 年期国债的佣金是 25 美元，仅相当于购买债券价值的 0.125% 或者相当于你的个人国债投资基金全年费用的 0.025%。定期购买 5 年期（开始的时候可以买 1 ~ 2 年期）国债会产生不同期限的稳定现金流。另外，在一些特殊情况下，你还有可能通过拍卖的形式购买到无佣金的国债。例如，富达基金对 2 万美元以上的购买额不收拍卖佣金，先锋基金对它们的“旗舰账户”（家庭总资产超过 75 万美元）不征收拍卖佣金。最后，你也可以直接通过美国财政部拍卖购买国债，这样买到的国债在到期前很难售出。

国债被认为是无风险的，国债和公司债券收益率的差额被称作“安全性的价格”。当这个差额很小时，安全性成本就很低，此时应该购买国债。

确定资产的精确配置

在第 5 章中，我们研究了几种按照风险、复杂性和因循性排列的投资组合。到现在你应该对自己在这三种因素中所处的位置有了一定了解。但是，现在我们不考虑价值维度，也不考虑税收效应。

避税投资和应税投资的比例对你的资产配置非常重要。从一个极端上说，如果你所有的资产都投资到个人退休金账户或养老金计划中，投资的税收效应对你就没有任何影响。你可以选择任何你喜欢的资产，也可以按照你喜欢的频率进行调平。

另一方面，如果你的所有资产都是应税的，那你可投资的资产类别会是极其有限的，但这也使投资变得非常简单。你所能投资的资产仅限于表 8-2 的第一列和最后一列，即只有 8 种先锋指数型基金。基本上你只能投资美国大型公司股票、美国小型公司股票和外国股票了。

最复杂的情形是你同时拥有大量避税资产和应税资产。这时的策略是将大部分避税效应好的资产（表 8-2 的第一列和最后一列）放进你的应税账户中，将避税效应最不好的资产（表 8-2 中中间一列，主要是小市值价值型基金和大市值价值型基金，以及 REITs）放在你的避税账户中。

为了让你明白该如何操作，我们来看一个例子，该例中投资者在应税账户和避税账户（IRA）中分别投资 10 万美元。根据以上的原则，投资者确定的政策性配置如下：

- 15% 的美国大型公司股票
- 10% 的美国大市值价值型股票
- 5% 的美国小型公司股票
- 10% 的美国小市值价值型股票
- 5% 的欧洲国家股票
- 5% 的太平洋股票
- 5% 的新兴市场股票
- 5% 的 REITs
- 20% 的市政债券
- 20% 的短期公司债券

根据表 8-2 对股票基金的划分，投资者决定采用以下的先锋基金，并将它们分别放入应税账户和避税账户中：

应税账户

- 15% 的全股市指数基金

- 5% 的税收管理型小盘股指数基金
- 5% 的欧洲股票指数基金
- 5% 的太平洋股票指数基金
- 20% 的有限期免税基金

避税账户

- 10% 的价值股指数基金
- 10% 的小市值价值型股指数基金
- 5% 的新兴市场股票指数基金
- 5% 的 REITs 指数基金
- 20% 短期公司债券

注意投资者是怎样将最具避税效应的资产放入应税账户，以及怎样将最不具备避税效应的资产放入避税账户的。

执行你的计划

从纯粹的理财角度来说，你应该将资金尽早投入你的投资计划中。然而，如果你还没有习惯持有风险资产，那么刚开始的投资就好像在阵亡将士纪念日[⊖]那天在湖里第一次学游泳一样。立刻跳进湖里并不是好主意，你应该慢慢试探直到你能够适应冰凉的湖水。从实际

⊖ 每年 5 月的最后一个星期一，这里作者比喻在这个日子学习游泳有点悲壮的意思。——译者注

角度看，你需要花一定的时间来适应市场的波动。你同样要花不少时间来劝说自己相信调平是个好主意，尤其是当你发现自己花大把的钱购买的一种、几种或全部资产投入了一个长期熊市的时候。

实现充分投资的传统方法是美元成本平均法。它是指定期向一只基金或股票中投资相等的数额，具体过程如下。假设一只共同基金的价值在 5 美元到 15 美元之间浮动，我们分别以 5 美元、10 美元和 15 美元的价格分 3 次每次购买 100 美元的基金。现在基金的平均购买价格是 10 美元，但用美元成本平均法得到的平均购买价格事实上要低于这个数字。价格为 10 美元时可以购买 10 份，5 美元时可以购买 20 份，15 美元时可以购买 6.67 份，总共是 36.67 份。因此基金的平均价格为每份 8.18 美元（300/36.67），这是因为我们在价格低时可以买到比价格高时更多的份额。

美元成本平均法是一个非常棒的投资方法，但它并不是免费午餐。在 5 美元时买入 20 份需要很大的勇气，因为你是在最悲观的时候进入市场。证券价格只有在大量消极情绪广泛传播的情况下才会变得便宜。试想一下在 1987 年 10 月买入股票、在 1991 年 1 月买入垃圾债券或者在 1998 年 10 月买入新兴市场股票时的感觉，你就明白我的意思了。不要低估了执行美元成本平均法计划时所必需的纪律。另外，美元成本平均法的真正风险是，你在强劲的牛市中买入了股票，股价却随即持续下跌。这就是股票投资中的不确定性。你始终要记住，你会为承担风险而获得补偿，在持续的牛市中买入股票当然也是一种风险。

还有另一种更好的逐步投资的方法叫作价值平均法，它是由迈克尔·埃德尔森[⊖]提出的。埃德尔森教授有一本书就是以《价值平均法》这个名字命名的，并出版了两个版本，遗憾的是现在这本书已经绝版了。简单说来，他的方法是这样的。我们不再每个月盲目地投资100美元，而是画出一个“价值平均路径”，该路径由目标额度构成，额度每月增长100美元。换句话说，我们的目标是在1月拥有100美元，2月拥有200美元，以此类推，直到第一年的12月我们的账户上要有1200美元，第二年的12月要有2400美元。在这种情况下，我们并不是简单地每个月都投资100美元，只有在基金价值保持不变时才会这样。如果基金价值降低，那我们需要投资的数额就大于100美元；如果基金价值上升，那需要的数额就少于100美元。如果基金价值大幅上升，你甚至有可能在几个月中一分钱也不用投。

进一步来说，假设我们计划在3年中投资3600美元。通过使用价值平均法，我们可能并不会将3600美元均摊在36个月中。如果市场走势很好，我们可能需要额外的3个月、6个月或9个月来完成投资计划。如果遇到了熊市，可能在36个月结束前我们就会提前花光所有的投资。

现在回到上一节的例子中，该例中投资者打算将20万美元投资到例中的资产中。他立刻就遇到了问题。先锋税收管理型小市值股票基金在他的资产配置中占到了5%，也就是1000美元，而这是该基金

⊖ 迈克尔·埃德尔森（Michael Edleson），历任美国纳斯达克的首席经济学家、哈佛商学院教授以及摩根士丹利常务董事，在投资领域有着丰富的经验。——译者注

要求的最低投资额。另外，其他种类的先锋基金在应税账户中的最低投资额是 3000 美元，在避税账户中的投资额是 1000 美元。表 8-3 展示了以上策略的价值平均路径。

表 8-3 价值平均路径示例 （单位：美元）

	应税账户				避税账户			
月数	TSM	TMSC	欧洲	环太平洋	价值型	SCV	新兴市场	REITs
1	3000	10000	3000	3000	1000	1000	1000	1000
2	3771	10000	3200	3200	1543	1543	1257	1257
3	4543	10000	3400	3400	2086	2086	1514	1514
4	5314	10000	3600	3600	2629	2629	1771	1771
5	6086	10000	3800	3800	3171	3171	2029	2029
6	6857	10000	4000	4000	3714	3714	2286	2286
7	7629	10000	4200	4200	4257	4257	2543	2543
8	8400	10000	4400	4400	4800	4800	2800	2800
9	9171	10000	4600	4600	5343	5343	3057	3057
10	9943	10000	4800	4800	5886	5886	3314	3314
11	10714	10000	5000	5000	6429	6429	3571	3571
12	11486	10000	5200	5200	6971	6971	3829	3829
13	12257	10000	5400	5400	7514	7514	4086	4086
14	13029	10000	5600	5600	8057	8057	4343	4343
15	13800	10000	5800	5800	8600	8600	4600	4600
16	14571	10000	6000	6000	9143	9143	4857	4857
17	15343	10000	6200	6200	9686	9686	5114	5114
18	16114	10000	6400	6400	10229	10229	5371	5371
19	16886	10000	6600	6600	10771	10771	5629	5629
20	17657	10000	6800	6800	11314	11314	5886	5886
21	18429	10000	7000	7000	11857	11857	6143	6143
22	19200	10000	7200	7200	12400	12400	6400	6400
23	19971	10000	7400	7400	12943	12943	6657	6657
24	20743	10000	7600	7600	13486	13486	6914	6914
25	21514	10000	7800	7800	14029	14029	7171	7171
26	22286	10000	8000	8000	14571	14571	7429	7429
27	23057	10000	8200	8200	15114	15114	7686	7686

（续）

月数	TSM	TMSC	欧洲	环太平洋	价值型	SCV	新兴市场	REITs
28	23829	10000	8400	8400	15657	15657	7943	7943
29	24600	10000	8600	8200	16200	16200	8200	8200
30	25371	10000	8800	8800	16743	16743	8457	8457
31	26143	10000	9000	9000	17286	17286	8714	8714
32	26914	10000	9200	9200	17829	17829	8971	8971
33	27686	10000	9400	9400	18371	18371	9229	9229
34	28457	10000	9600	9600	18914	18914	9486	9486
35	29229	10000	9800	9800	19457	19457	9743	9743
36	30000	10000	10000	10000	20000	20000	10000	10000

注：TSM= 先锋全股市指数基金；TMSC= 先锋税收管理型小市值股票基金；SCV= 先锋小市值价值型股指数基金。

起初，在满足了各基金的最低投资额后，应税账户中的剩余资金被投资于有限期的免税基金中，避税账户中的剩余资金被投资于短期公司债券基金中。将来对股票基金的继续投资就从这两只基金中支出。

在我看来，这种方法是现存的建立均衡资产配置的最好方法，但它并不是完美的。我在前面已经指出，如果全球都跌入了熊市，你在不足 36 个月的时间内就会耗尽你的债券资金储备。如果股价大幅上涨，相反的事情也可能会发生。此外，在一段时间后，我们资产配置中应税账户和避税账户各持有一半资产的情形很可能会无法维持。例如，如果新兴市场进入了大牛市，而欧洲和太平洋地区股票大幅下跌，这将导致怎样的情况呢？毫无疑问，我们会卖出一些避税账户中的新兴市场股票指数基金来购买额外的欧洲和太平洋地区股票。这意味着我们在避税账户中的债券价值会超过总投资的 20%，而在有期限的避税基金中的投资则会低于总投资的 20%，但这仅仅是一个相对较小的缺陷。

然而，如果发生了相反的事情，问题就要严重得多。如果欧洲和太平洋地区股票价格大幅上升，我们该怎么办？如果我们还处在价值平均法的实施过程中，正在建立这些资产的头寸，我们仅需要等几个月直到“价值路径”超过了这些资产的价值，然后我们就可以继续买入。如果我们已经完成了价值平均的过程又该怎么办呢？在这种情况下，通过卖出这些基金来达到政策性配置会产生高额的税负，因此必须尽可能避免这样做。我们能选择的最好方法就是避免再投资的利润分配，以此作为这些定价过高资产的“安全阀”。

作为一种投资策略，价值平均法有着很多的优势。第一，投资者在市场顶部和底部都会进行投资，并且在市场底部会买入比市场顶部更多的基金份额，这样会产生极大的收益。第二，它使投资者拥有了在充满悲观和恐惧的市场中定期投资的经验——这真的是非常有用的经验。价值平均法和美元成本平均法很相似，但二者有一个重要的区别：价值平均法要求投资者在市场底部投入比顶部更多的资金，这样会带来比美元成本平均法更高的收益。你可以把价值平均法当作美元成本平均法和调平法则的结合体。（价值平均法反过来用也很有效。如果你退休了，正在经历理财周期的分配阶段，你可以在市场顶部卖出比底部更多的资产，这样可以使你的资产维持更长的存续时间。）

你并不是一定要使用美元成本平均法或价值平均法。如果你已经持有较高的股票敞口好多年了，并且已经适应了理财的风险和损失，那你完全可以立即进行你的投资，并根据你的计划重新配置你的资产。

请注意在 3 年中按月进行投资并不是硬性规定——这仅仅是一个例子而已。你可以按季度、按周甚至按天来进行投资，只要你能够出神入化地玩转电子表格。我建议投资期限最短为 2 ～ 3 年，按历史经验来看，这期间你应该会遇到一次真正的熊市（或至少是市场的调整性下跌）。这种小型的挑战会检验你的决心，并最终会使你相信调平的价值所在。

当你将所有的现金和债券都转入你希望的配置后，事情就变得简单了。你只需定期将你的账户调平到政策性配置或“目标配置”。调平应该每隔多久进行一次呢？这取决于你的资产是在避税账户中还是在应税账户中。

在避税账户中进行调平

你应该每隔多久进行一次调平呢？如果你在避税账户中进行投资，你可以随时进行调平，因为调平交易不会产生税收。这种情况下，最优的调平频率是多少呢？回想一下，调平对收益的主要影响是“调平红利”，即通过调平过程中的高卖低买所获得的超额收益。调平可以被认为是市场时机选择策略中唯一一种持续有效的方法。我们真正要问的是：多大的调平区间可以产生最大的调平红利？答案很复杂，但基本围绕于一点上，即找到这样一个调平区间，使投资组合中各资产的相关性最低，并且年化方差最高。换句话说，在给定的时间段中，当你选择的收益率数据的区间不同时，比如每天、每周、每月、每季度、每年等，对应资产的方差和相关系数都会不同。使资产拥有最低相关性和最高方差的收益率区间就是最优的调平区间。我见过几种相似的投资组合最优调平区间，它们从最短的一个月到最长的数年之久。对于给定的投资组合，我们可能无法提前预测其最优调平区间，但一般的规律是，较长的调平区间会更好一些。这是源于我们在第 7 章中说过的趋势效应，即资产的收益略微有延续的趋势，我们应该利用这一特点。换句话说，资产高于或低于平均水平的表现都有持续的趋势，我们在调平前最好使资产的这种表现持续一段时间。如果你对调平的理解有困难，不用难过。这是一个非常复杂的领域，甚至连最老练的投资者也经常会对这些概念产生误解。思考调平区间问题最简单的方法就是考虑只包含美国和日本股票的组合。由于过去几十年中美国股票价格几乎直线上升，而日本股票价格几乎直线下跌，尽可能不调平（比如每 10 年调平一次）要比频繁调平更好。不过即使你每一两年就调平一次，你也不会损失得太多。

在应税账户中进行调平

对于应税账户，我可以给出更明确的建议：尽可能少进行调平。事实上，有一个很好的例子可以说明不进行调平的好处，考虑一下每次调平所产生的资本利得。第一，卖出应税账户中的股票和债券会被同时征收联邦和州政府资本利得税。第二，频繁买入卖出应税账户中的共同基金对会计记账来说是一个噩梦，尽管先锋基金等公司的年度股票跟踪报告已经使记账变得容易不少。即使最节税的基金在某些年份也会发放红利。如果某个应税账户中的基金价值超过了政策性配置，那你至少应该避免将这些红利进行再投资。相反，你应该将红利变为现金，这样你就可以将它再投资于其他领域。频繁向应税账户的基金中增加投资是件好事，但我建议每年最多卖出一次。切记你要一丝不苟地将交易记录和会计报表归档保存。在此过程中一定要征求你的会计的意见。

一定要如此复杂吗

本书的目标读者是那些想在给定风险水平上挤出每一丝收益的投资者。我们已经看到，实现这个目标的关键是要将你的投资组合分割成很多不完全相关的细小部分。对一些读者来说这可能过于复杂了。传统的全美投资组合包含一半的股票和一半的债券，它的构造非常简单并且易于调平。先锋基金甚至设计出了股票指数与债券指数按不同比例混合的多种基金。作为对其便捷性的补偿，在给定风险程度下你可能要牺牲 1% ～ 2% 的长期收益。

另一种简单而妥协的方法是将你的投资组合中的股票部分均等地分割为 6 种先锋指数基金（价值型、先锋 500 指数型、小市值股票型、欧洲股票型、太平洋型和新兴市场型），并将这 6 种类型中的一种所对应的债券型基金作为你的投资组合的债券部分。更简单的还有先锋基金提供的全部国际股票指数基金。对那些注重投资组合简便性的投资者来说，这些妥协是很有价值的。（关于先锋全部国际股票基金有一个警告：它是“基金的基金”，因此不适用于外国税收抵免政策。因此我推荐投资者选择新推出的先锋税收管理型国际基金作为其替代品。)

一劳永逸的基金

是否可能有一种基金能够使你摆脱所有的资产配置问题呢？当然有——共同基金行业理应满足投资者的每一个奇思妙想。有很多基金都会提供给你它们所认为的“最优化资产配置”，因此它们很自然地被称为资产配置型基金。这些基金存在着一些问题。第一，它们存在的时间并不长，因此很难对它们的业绩进行评估。第二，它们较少的交易数据很难引人注意。晨星公司的资产配置型和全球基金在 1988 年 4 月到 1999 年 3 月这 10 年中的年化收益率是 10.79%，而同期的威尔逊 5000 指数的收益率是 17.70%，雷曼长期债券指数的收益率是 9.08%。更惊人的是，它几乎和 MSCI 世界指数 10.80% 的收益率正好相等，而 MSCI 指数在这一时期中包含了 40% 的日本股票，这些股票在随后年份中的年化收益率为 −4.11%。换句话说，资产配置型基金的平均表现和表现最差劲的指数化全球配置是一样的。

如果先锋基金推出一个合理的全球指数型基金那就太好了，但他们并没有这么做。他们的资产配置型基金（卫斯理、惠灵顿、资产配置、生命策略、STAR 和全球资产配置）有一个普遍的缺点，即在外国股票和小型公司股票方面权重过低。我不推荐选择这些基金。最后，先锋基金可能会建议一只包含世界上所有投资品的“一劳永逸的指数基金”，既然厌恶外国股票的博格先生已经退休了，让我们拭目以待吧。

对那些渴望拥有 1 ~ 2 只基金的人，我给出审慎的建议。特维迪布朗公司在价值投资方面有着悠久的历史，投资者可以很容易地将自己的资产投资于该公司的美国和全球价值股基金中。该公司在私人财富管理领域有着卓越的表现，但进入共同基金领域的时间还不满 6 年。该公司在基金管理方面做得很好，但它们的费用相当高，我会继续关注他们的基金。此外，我只会在避税账户中使用这些基金。推荐主动管理型基金是有风险的，我在本书的前一版中用“一站式”选择对此进行了生动描述：对于索根国际基金和发现基金，前者已经跌破了基金面值，后者则失去了它的明星基金经理（迈克・普莱斯），并且已经被一家叫作富兰克林资源集团的不知名企业所吞并。我愿意相信特维迪布朗公司不会重蹈覆辙，但如果以史为鉴，这种悲剧很可能会重演。

要时刻了解市场估值

在第 7 章中我们讨论了动态资产配置，即根据资产的估值随时调整你的政策性资产配置。不要轻易尝试动态资产配置，除非你已经至少在几轮市场周期中成功地进行了调平。如果你已经做到了，要记住只有在某种资产变得便宜并且价格暴跌时才可以增加该资产在组合中的比例。永远不要在发生某些经济或政治事件时增加你对某种资产的配置，也绝对不要在听了某个分析师信誓旦旦的言论后这样做。在某个领域减少资产配置时也应如此，仅仅应当在股市上涨阶段该种资产价值大幅上升时才这样做。

即使你从没打算改变你的政策性配置，及时了解市场估值也同样是个好主意。到目前为止，这样做的最简便的方法就是购买晨星公司的 Principia 共同基金数据库。然后查看以下有关指数的市盈率、市现率（股价 / 每股现金流）、市净率和股息收益率：

- 先锋 500 指数基金（标准普尔 500 指数）
- 先锋价值股指数基金
- 先锋成长股指数基金
- 先锋小市值成长股指数基金
- 先锋小市值价值股指数基金
- 先锋小市值指数基金（罗素 2000 指数）
- 先锋扩展型市场指数基金（威尔逊 4500 指数）
- 先锋全股市指数基金（威尔逊 5000 指数）
- 先锋欧洲股票指数基金（EAFE- 欧洲指数）
- 先锋环太平洋股票指数基金（EAFE- 太平洋指数）
- 先锋新兴市场股票指数基金（MSCI- 新兴市场指数）
- DFA 美国 9-10 小型公司股票基金（包括那些市值非常小的公司）
- DFA 英国小型公司股票基金
- DFA 新兴市场基金
- DFA 日本小型公司股票基金

- DFA 欧洲大陆小型公司股票基金
- DFA 环太平洋小型公司股票基金（包括东南亚、澳大利亚和新西兰）

如果你不想花钱买 Principia 数据库，那你可以登录 Barra 的网站。该网站提供了海量的美国国内资产估值参数。如前所述，市净率和股息收益率是最稳定的度量方法，市盈率和市现率的用处则要稍小一些。股息收益率是唯一一种可以在不同种类的股票资产之间使用的度量工具。你要时刻保持对资产价格的了解，这一直都是一个好主意，这样做的最好方法就是对以上所说的各种度量工具都有着清楚的了解。每当我收到晨星公司的光盘时，我都会将上述所有基金的估值参数打印出来并归档。通过跟踪市净率和股息收益率的变化，我们可以很容易地看出资产价格究竟变贵了还是变便宜了。

现在资产的价格究竟有多贵？答案是和以前一样。标准普尔 500 指数的市净率目前是 10.5。该指数的市净率以前从未像现在这样离谱地高，但 1929 年是一个例外。股息收益率也破纪录地达到了 1.3% 的低位。美国小型公司股票和外国大型公司股票的历史数据时间并不长，但这些领域的市净率（小市值股票大约是 3，外国股票大约是 4）即使从历史标准来看也很高。按市净率的标准来看，外国小型公司股票似乎更便宜（市净率为 2.4）。然而这个信息是否有用都只是大家的猜想，因为这类资产的市净率并没有太多的历史数据可以参考。很多人断言说市净率和股息收益率现在已经没用了。每当市场处于高点时，人们总会听到关于旧的估值方法已经过时了的说法。事实上，如果没有人们对旧方法过时说法的广泛相信，市场价值不可能达到很高的水平。可能它们确实过时了，但你要记住传说中约翰·邓普顿[⊖]的最昂贵的警告“这次情况不同了”。(我这里有一句最愚蠢的话：“牛市仍在继续。”)

退休：最大的风险

本书主要针对的是对投资过程的研究，尤其是有效资产配置的建立和维持。退休期间的资产配置与前者并无多少区别，唯一的不同是你将主要以提款的方式来控制你的资产配置，这与储蓄和调平的过程恰好相反。

然而，退休期间有一种独特的风险叫作“久期风险”。为了研究这种风险，我们从所有投资品中最简单且风险最低的 1 年期国库券说起。国库券在实际中是零息债券，需要以折价的方式进行购买。例如，5% 收益率的国库券会以 0.9524 美元的价格进行拍卖，并将以面值（1 美元）进行偿付。如果在债券发行之初收益率突然涨到了 10%，那债券的价格会下跌至 0.9091 美元，价值瞬间损失了 4.55%。

但如果投资者将债券持有到期，他将会收到所有 5% 的收益，这

⊖ 约翰·邓普顿（1912—2008），全球投资之父，史上最成功的基金经理邓普顿爵士是邓普顿集团的创始人，一直被誉为全球最具智慧以及最受尊崇的投资者之一。2006 年，他被美国《纽约时报》评选为“20 世纪全球十大顶尖基金经理人”。——译者注

与收益率和价格完全不变是一样的。一年之后，投资者就可以轻松收获利润了——投资者可以将全部资金按照双倍的收益率进行投资。因此“无差异点”就是国库券一年的期限。一年以内投资者的状况可能会随着收益率升高所导致的债券价格下跌而变差，但一年之后投资者的情况就会改善。

现在来看持有 5% 收益率的 30 年期国债的投资者。如果在购买债券之后很短的时间内收益率同样上升 10%，我们倒霉的投资者会感到心头受到沉重一击——债券现在的价值还不到最初的 53%。(因为债券几乎所有的价值都是由 5% 的息票支付来代表的，而息票在当前 10% 的收益率情况下只值以前的一半。这恰恰就是 1967 ～ 1979 年债券持有者所遇到的情况。) 然而，债券和国库券有很大的不同，债券支付的息票可以用来以更高的收益率进行再投资。因此，从债券的灾难中恢复过来的时间要远少于 30 年，我们倒霉的债券持有者只花了 10.96 年就实现了盈亏平衡。在金融界中这个 10.96 年的期限被称为债券的久期，对支付息票的债券来说，其久期总是小于债券期限，有时候甚至要小得多。(对零息债券来说，债券期限和久期是相等的。)

久期还有其他很多种定义，其中有一些定义极其复杂，而“无差异点”则是其中最简单最直观的一种。(其他一些有用的定义包括价格 / 收益率的变化比率，这就是说，30 年期债券的收益率每上升 1% 其价格就会下跌 10.96%。) 久期同样是一种极好地度量投资风险的方法。久期越高，风险就越大。重申一下，在 10.96 年后，由于收益率上升，债券持有人债券价格下跌的状况已经得到了改善。

久期几乎总是被用来分析债券，但这并不意味着你不能用它来分析股票。建立股票市场的久期模型是很简单的。例如，股票当前的收益率为 1.3%，如果股价下跌 75%，而股息的数额保持不变，那你就可以将股息以 5.2% 的收益率进行投资，这个收益率是之前的 4 倍。这将增加你的收益，最终的状况会比低收益率高股价的时候要好。要多久才能赶上呢？这取决于最初的收益率和股价下跌的幅度。对于如今 1.3% 的收益率，若股价下跌 25%，股票的久期将是 63 年；若股价下跌 50%，则久期为 51 年；若股价下跌 75%，则久期为 33 年；若股价下跌 90%，久期则只有 19 年。

怀疑论者指出，当股价下跌 90% 时，股息的数额一定也会随之下降，但即使在大萧条时期，实际的股息流也不过只下降了 25%。事实上，1929 ～ 1933 年的熊市极好地验证了上述范例的可靠性。1929 年 9 月 1 日时投入的 1 美元到 1932 年 7 月 4 日时只剩下 16.6 美分的价值，而在 1945 年 1 月末又重新回到了面值——股价从触底到回到面值只用了不到 13 年。1929 年 9 月的股息收益率是 2.6%，30 年后，利润增长率仅仅为 1.8%，因此，如果股灾没有发生，股票的年化收益率将只有 4.4%, 22 年后的 1952 年 1 月，股票投资再次实现盈亏平衡，这几乎和久期模型预测的一样。从这个角度来看，现在的市场比 1929 年时要恐怖得多，因为 1929 年股价下跌了 75%，当时 2.6% 的收益率所对应的久期为 19 年，而目前 1.3% 的收益率对应的久期则为 33 年。

当然，如今市场的扭曲性下跌会对国家的金融和社会体系造成严重破坏，就像 70 年前那样。与此同时，目前的高股价和低收益率也没有多少好处。这是因为息票或股息收益率越低，久期就越长。因此，收益率越低，股票的市场价格就越高；久期越长，风险就越大。

投资者有没有办法可以缩短其投资组合的久期呢？有。由于收益率的大小会影响久期（收益率越高，久期越短），你可以通过每月向组合中增加投资来提高组合的收益率。让我们从上面说过的收益率为1.3%、股价下跌75%、久期为33年的例子开始。如果你的初始投资为1万美元，并且从不向账户中存款或提款，你将在33年后实现盈亏平衡。但如果你每月都向组合中加入200美元，你将在11年后实现盈亏平衡。

用增加投资的方法来缩短股票和债券的久期只是权宜之计，不适合在退休期间使用。如果退休人员持有的股票与债券的久期超过了他们退休后的生活年限，那他们将遭受严重损失。

对真正的长期投资者来说，持续多年的熊市或牛市可能对他们毫无影响，甚至会产生荒谬的结果。在现实中，能否对市场下跌保持镇定取决于你目前所处的时间范围。如果你已经退休并依靠退休金生活，你将既没有足够的时间去度过久期，也没有能力去增加投资来缩短久期。如果你正处于事业旺盛期，正在不断增加投资，那你就有足够的时间去缩短久期。如果你还是个刚开始进行储蓄的20出头的年轻人，那就祈祷上帝让市场崩溃吧。

毫无疑问，投资者将风险视为一种短期现象。当我们一想到投资带来的痛苦时，我们首先想到的就是残酷的熊市，它使我们的资产相比于几个月或几年前要严重地缩水。但是，我们已经看到，时间会治愈所有资产带给你的一切创伤，我们所面对的最大风险其实是在尚未离世前花光了所有的钱。毕竟大多数人储蓄或投资的目的都是为了在退休后使用，或以备将来不时之需。学术界将此称为短缺风险，我们要花一些篇幅来讨论该风险。（我们在第 7 章中已经讨论过投资者是怎样纠结于短期风险和收益，并忽略了更重要的长期风险和收益的。）

利用退休金计算器就能很容易地帮你算出短缺风险，但更重要的是培养对该问题的直觉。让我们从估算你的税前退休金需求开始分析。假设你确定在除了社保之外每年还需要 4 万美元的收入。为了使计算简单化，我们去掉通胀因素，这可以通过使用实际投资收益或经通胀调整后的收益来实现。这样你面对的就总是当前购买力不变的美元。我们已经讨论过，股票和债券组成的投资组合真实收益率合理估计大约是 4% 左右。这意味着为了维持你的组合价值不变，你应该每年花掉组合价值的 4%。如果你能维持组合的真实价值不变，那你也能够维持你的支出数额不变。在该例中，你需要 100 万美元的资产，因为 100 万美元的 4% 是 4 万美元。换句话说：

需要的储蓄 = 需要的收入 / 实际投资收入 =40 000/0.04=1 000 000（美元）

这个计算假设你希望本金保持不变。如果你希望在 30 年中按计划逐渐减少资产，那你就不需要这么多储蓄。运用金融计算器（比如德州仪器 BA-35，在大多数折扣店中售价 20 美元）上的年金 / 抵押贷款函数，我们可以得出需要的储蓄是 691 681 美元。

这些计算生动地体现了掌控投资支出的极端重要性。假设上述 4% 的收益率指的是市场收益率，其中投资费用和其他支出必须被扣除。如果你的退休金账户或 401k 计划使用的是典型的基金类型，需要支付投资总价值 1% ～ 2% 的费用，那你的退休储蓄可能需要使用低成本指数基金时的 2 倍（40 000/0.02=2 000 000 美元）这些计算强调了关注基金费率的极端重要性——在本例中，增加 2% 的成本就可以使你的退休金储蓄的需求增加一倍。

但是，在退休金计算中还有一个更严重的问题。退休计算器几乎都会做出同样的错误假设，即我们获得的收益每年都相同。例如，在上面的计算中我们假设我们每年都会获得 4% 的收益。我们知道，在实际中，投资收益不可能每年都相同。因此好年份和坏年份的先后次序变得很重要。

为了阐述这个现象，我们重新回到弗雷德叔叔掷硬币的例子，它的收益率是 −10% 或 +30%。如果 30 年中你掷了 15 次正面和 15 次背面，你的年化收益率是 8.17%。如果你最初有一个价值 100 万美元的投资组合，并在 30 年中轮流掷出正反面，那你在 30 年中可以每年提取出 81 700 美元（初始资产的 8.17%）并保持 100 万美元的本金不变。然而，如果你不幸在连续掷出 15 次背面后才掷出 15 次正面，你在所有资金用光前只能每年提取 18 600 美元。相反，如果你连续掷出 15 次正面后才掷出 15 次背面，你每年可以提取出 248 600 美元。如果你正处在你的投资计划中的储蓄阶段，那将收益率高的年份放在你储蓄计划的开头要比放在末尾更好。换句话说，正如我们所讨论过的，年轻的投资者祈求熊市，年老的投资者则祈求牛市。（熊市股价低，因而收益率高，适合购入资产；牛市股价高，因而收益率低，适合出售资产。）

这个现象最早由三一大学的菲利普 L. 库雷、卡尔 M. 哈巴德和丹尼尔 T. 华尔兹发现并介绍给大众投资者。他们研究了多个历史时期的各种取款策略的“成功率”，结论是当取款率为初始投资组合价值的 4% ～ 5%（即从 100 万美元中取出 4 万～ 5 万美元）时最有可能成功（他们将此称为死后不留债务）。此外要记住，在他们研究的历史数据中股票的实际收益率是 7%。

在更基础的水平上，你可以用一种更简单的测试来检验你的提款策略：如果你退休那天正好是一个漫长而残酷的熊市的开端，比如说 1966 年 1 月 1 日，而你在退休后又继续活了 30 年直到 1995 年 12 月 31 日去世。对于前 17 年（1966 ～ 1982 年），标准普尔 500 指数的收益率是无足轻重的 6.81%。一个可怕的巧合是，该收益率与同期的通胀率几乎相等，这使得 1966 ～ 1982 年整个阶段中股票的实际收益率为零。接下来 13 年（1983 ～ 1995 年）的收益率是很可观的，它将 1966 ～ 1995 年整个阶段的实际收益率拉高到了 5.4%，与历史上 7% 的基准收益率相差不多。

我建立了一个全部股票的资产配置，其中包含 80% 的标准普尔 500 指数成分股和 20% 的美国小型公司股票，并将该配置与 5 年期国债混合起来构成一个投资组合。假设初始投资是 100 万美元，然后计算以下几种组合在多种取款率情况下的不同结果：100% 股票、100% 债券以及股票与债券比例分别为 75/25、50/50 和 25/75 的组合。这些组合当取款率分别为 7%、6%、5% 和 4%（即年平均取款额为 7 万美元、6 万美元、5 万美元和 4 万美元）时的计算结果见图 8-1 ～图 8-4。全部股票组合是图中最粗的那条线，线越细，股票的比例就越低。一定要注意纵轴的单位是以 1966 年为基期的经通胀调整后的收益。这是进行这种计算的最简洁明了的方法。

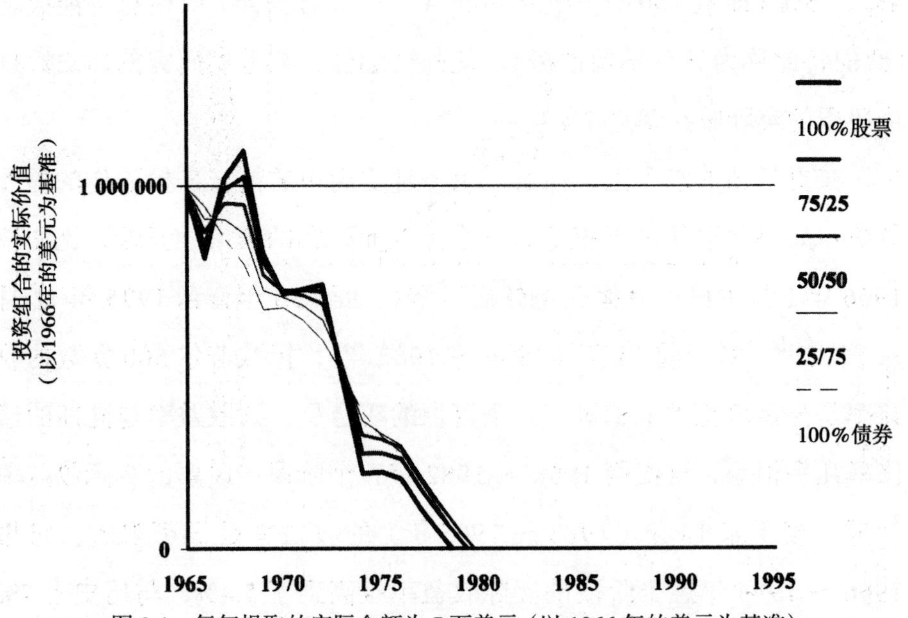

图 8-1　每年提取的实际金额为 7 万美元（以 1966 年的美元为基准）

结果很令人感到烦恼。由于在此期间实际的股票收益率是 5.5%，这比假设的取款率要低 1% ～ 2%。这意味着如果投资组合的真实收益率只有 4% 的话，你将每年只能从组合中提取初始资金的 2%。现在我们已经触碰到了理解这种风险的关键点。在退休时你不太可能会遇到漫长的熊市这种最差的情况。事实上，很可能会发生相反的情况，即在你退休之初遇到一个持续的牛市，你将能够坐享其成，每年能够

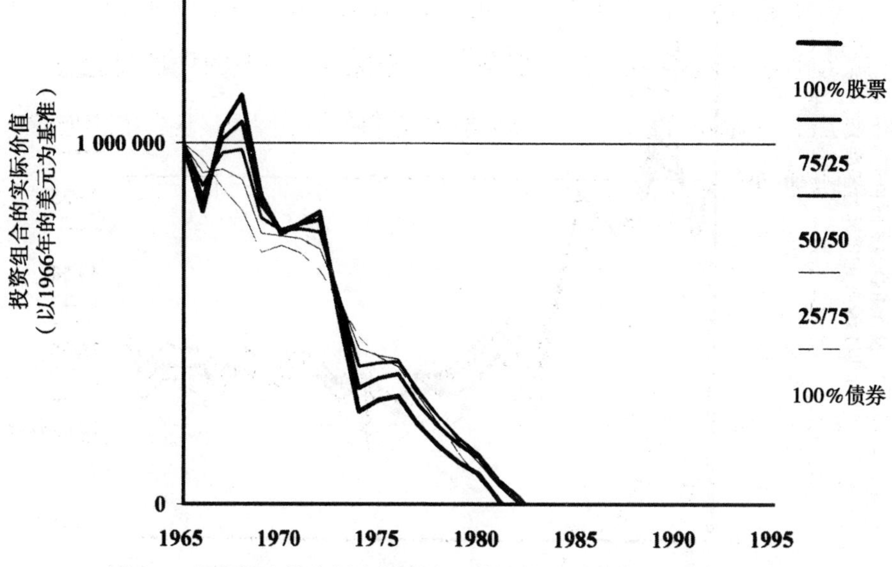

图 8-2 每年提取的实际金额为 6 万美元（以 1966 年的美元为基准）

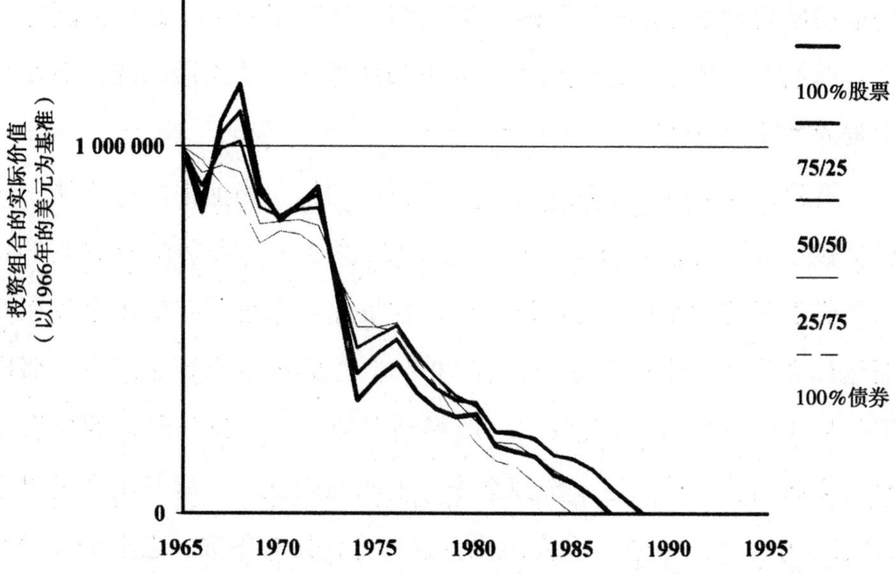

图 8-3 每年提取的实际金额为 5 万美元（以 1966 年的美元为基准）

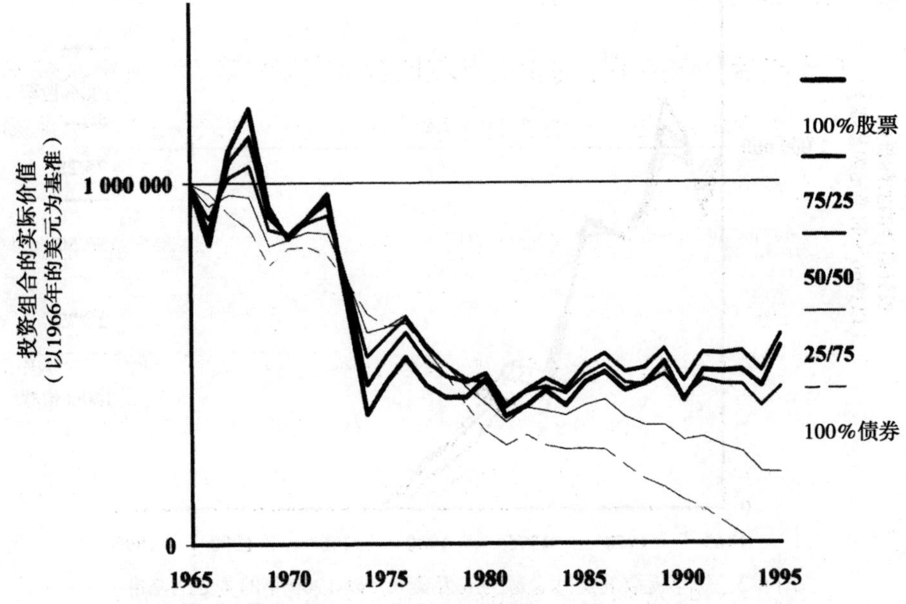

图 8-4 每年提取的实际金额为 4 万美元（以 1966 年的美元为基准）

提取初始资金的 6% 甚至更多。但我们无法预测未来。如果你制订一个合理的取款计划，通过减少取款来降低退休后的生活标准，那发生灾难的风险就很低了。

最后，美国政府提供了一种充满诱惑的摆脱当前困境的方法——通货膨胀保值债券（TIPS），该债券目前的经风险调整后的收益是 4%。如果你靠税前 4% 的收益可以过活，并且你可以将所有退休金放在罗斯退休账户（该账户不强制你在 70 岁半时取出所有资金）中，那你退休后 30 年的生活都可以成功地得到保障。对广泛分散化的投资组合的虔诚信徒来说，这个选择会令他们相当困扰——就好比金融界中“伊甸园中的蛇”一样。我发现推荐这种方法比较困难，但至少在避税账户中适当投资于 TIPS 并不是坏主意。

哈利表弟来征求你的意见

几十年后，你接手了弗雷德叔叔的全部家族资产，弗雷德叔叔本人的影响力慢慢地流于形式，但你挚爱的叔叔还掌控着一个重要的领域——退休金。

你的表弟哈利最近才刚被雇用。有一天，他一脸愁容地走进你的办公室，他还没张口你就已经明白他的来意了：弗雷德叔叔让他做一个抉择。现在你在金融领域的名望已经和弗雷德叔叔一样了，但你不像他那样有耐心对别人进行苏格拉底一般的教诲。你非常忙，因此你希望能够尽可能直接地回答他的问题。你会给哈利表弟怎样的建议呢？

（1）风险和收益是不可避免地纠缠在一起的。不要期望能从安全的资产中获得高收益；投资于历史上曾带来高收益的资产很可能会给你造成惨重损失。

（2）那些不以史为鉴的人注定会重蹈覆辙。要对不同类别的股票和债券的长期历史表现有所了解。那些不了解历史的投资者是失败的投资者。

（3）投资组合与构成组合的各个资产的表现是不同的。一个安全的组合不一定要剔除掉高风险的资产，过度依赖安全的资产反而可能会增加整个组合的风险。即使最追求安全性的投资者也会持有一定数量的风险资产，由“安全的”大型公司股票组成的投资组合往往要比由有风险的小型公司股票和现金组成的组合有更低的收益和更高的风险。

（4）给定的风险程度，有一种投资组合会带来最高的收益。这个组合处于资产配置的有效边界上，不幸的是它的具体位置只有在事后才能知道，投资者在事前找到有效边界的愿望是不可能实现的。聪明的资产配置者要找到在多种情况下的市场表现都能接近目标值的资产配置比例。广泛包含美国国内和国外的大型公司股票和小型公司股票，同时包含各种股票资产所对应债券的组合，似乎是最好的选择。

（5）关注投资组合的整体表现，而不是其中某些组成部分的表现。投资组合中总会有一小部分亏损严重，但这对你整个组合的表现仅仅有非常微弱的影响。

（6）要认识到调平的好处。对资产价格下跌的正确反应是买入更多该种资产，对资产价格上涨的正确反应则是卖出一部分该种资产。调平只是将这种策略规范化的一种形式。市场的持续下跌会使调平看起来只是在浪费资金，但资产价格最终总会扶摇而上，你会因为你之前的耐心而收获丰厚的回报。

（7）市场比你聪明，也比专家聪明。要知道即使停止的钟表一天中也有两个时点是正确的。甚至最笨的分析师偶尔也会选到一只好股票，并很快会因此受到路易斯·卢凯瑟的采访。没有人能永远正确地预测市场的走势。在长期中几乎没有哪个基金经理可以战胜市场，那些在过去做到的人不太可能在将来还会继续保持不败战绩。不要随大流，那些追随着象群奔跑的人最终都被踩扁了。

（8）要了解证券价格的贵贱。注意留心市场估值。只有在证券价值变化时才应该改变你的政策性配置，并且这种改变应该向着资产价格变动的反方向进行。市场的历史教导我们，经济和政治因素对市场价值的预测是毫无用处的，当市场处于暗淡无光的萧条时期时是购买资产的最佳时期。

（9）好公司的股票通常表现较差，差公司的股票通常表现较好。在挑选股票和基金时要以“资产价值”为导向，估算资产价值的最好方法是市净率。

（10）在长期中很难战胜低费用的指数型基金。尽可能将你的投资指数化。债券型基金的费用应该低于 0.5%，美国国内股票基金的费用应该低于 0.7%，外国股票基金的费用应该低于 1%。

| 第9章 |

投资可以用到的资源

如果你像我一样，没过多久就会忘掉大部分自己阅读过的东西。倘若你现在管理着一个不是很大的资产池，此处涉及的内容非常重要，你要永远牢记。我并不建议你定期重阅本书，而是建议你应当把金融学书籍当作日常阅读计划的一部分。假如每年你只阅读一本有用的金融学书籍，你将会比大多数专业人士还要明智，并且你的钱袋子也会逐渐鼓起来。下面所有我将为你推荐的书都写得非常好，一定不要把它们当作失眠时安眠药的替代物。

推荐书单

（1）《漫步华尔街》[⊖]，伯顿·马尔基尔著。这是一本非常好的投资学入门读物，它介绍了股票、债券和共同基金的基本知识，并着重介绍了有效市场概念。

（2）《共同基金常识》，约翰·博格著，该书是《博格谈共同基金》的更新版。该书含有大量的你想知道的有关共同基金这个重要投资工具的所有细节知识。博格先生是先锋集团创始人兼董事长，他已

⊖ 本书中文版机械工业出版社已出版。

经在这个行业呼风唤雨数十年。我强烈推荐这本文字优美、观点独特的书籍。该书同样讨论了过去几年横扫投资界的民主化进程。直到10年前，他在书中描述了那些复杂的共同基金分析方法，这些依然是一大帮有资格使用昂贵的私人数据库和电脑主机的职业投资人的分析方法。博格几乎所有的工作都是靠他购买的晨星客户端和一个能干的统计学助理来帮助他完成。这种工作对任何有类似软件和能力的小型投资者来说也并非难事。

（3）《资产分配》，罗杰 C. 吉布森著。该书与本书观点大部分相同，并更加关注个人财富质量特点。这本书定位的读者群体是金融咨询师。

（4）《全球投资》，罗杰·伊博森与加里·布林森合著。这是一部详尽介绍可投资资产历史的优秀著作。即使一位知情投资者也不可能完全了解市场历史，该书能在这个领域提供最好的帮助。想知道过去200年的美国股票每一年的收益是多少吗？过去500年的黄金价格是多少？过去800年的利率和通货膨胀率是多少？你都可以在这本书中找到这些问题的答案。正如该书的书名一样，作者同样也在一个分散化投资组合中，站在外国资产的角度给出了优秀的观点。该书在资产组合理论和市场有效性方面给出了富有价值的见解。

（5）《投资的头号法则》，这是来自特维迪与布朗的一本免费的小册子。这本书是对他们公司的基金低调营销，同样也是我见过的最好的支撑价值分析的数据汇编集。他们的电话是1-800-873-8242。这本书在网上也可以找到，网址是 http://www.tweedy.com。

（6）《新金融学：有效市场的反例》，罗伯特·哈根著。如果你被特维迪的小册子激发了兴趣，并疑惑为什么经过这么多年价值投资依然有效，那么这本书就是你要读的书了。这本书文风很活泼，甚至有点古怪。说得不好听点就好比本杰明·格雷厄姆遇到了亨特·汤普森。

（7）《价值平均策略》，迈克尔·埃德尔森著。这是一本极其有用的书，它会教你如何将一大笔钱配置在多种资产上。遗憾的是这本书（英文版）已经绝版了，如果幸运的话你可以在某些大型二手书店的书架上找到它。

（8）《聪明的投资者》，本杰明·格雷厄姆著。这是他早年与大卫·多德合著的经典著作《证券分析》的可读性更强的普及版本。尽管这本书的内容与市场联系很紧密并且应当被每一个认真的投资者阅读，但它更适合那些感觉自己在被迫购买股票的人去阅读。如今许多最成功的投资管理人起初都是从这两本书中获得对金融的灵感的。观察市场中的超常现象，并思考“格雷厄姆对此会如何评价”是一件非常有趣的事情。（顺便说一句，如果你被格雷厄姆迷住了因而打算阅读《证券分析》的话，你一定要读 1934 年的原始版本。这个版本最近由麦格劳 – 希尔公司再版。）

（9）《华尔街日报》。《华尔街日报》事实上是 3 份报纸的集合。第一部分是极好的国民报纸，对于现代社会面临的主要问题和事件做出敏锐和深刻的评论，同时也有着很多离奇古怪的观点。第二部分是商业期刊，出色地网罗了大量商业资讯。第三部分包含了每日报纸中最完整的金融数据，同时也有金融评论。每周都会有一期叫作“投资参考”（Getting Going）的个人理财专栏，它包括了个人投资、个人资产、税收和退休策略，甚至一些资产组合理论，光这个系列就已经让这份报纸物超所值了。我家中有很多这样的文章，并且数量还在稳步增长。

（10）加入美国个人投资者协会。入会费用几乎可以忽略不计，在成为会员后你就可以获得该协会的期刊，其中包含了很多个人理财方面优秀的文献。

（11）如果你家中或工作单位中有电脑，那就去订购晨星公司的共同基金数据库。这将花费你一年 95 ～ 600 美元不等的费用，具体费用多少要看你更新软件的频率和数据的深度。坦白地说这是你投资中最合算的一笔交易，这项服务能使你在目前超过 1 万只共同基金中游刃有余。这个软件的主要优势是它可以使你自定义你的基金筛选标准。如果你不会用电脑，晨星公司还提供了按价值线排版的基金公司名单，这大概每年花费 300 美元，并且在大多数大型公共图书馆中都可以获得。

对于少数那些对本书中的数学和理论部分感兴趣的人，我将向你们推荐以下书籍：

（12）《资产组合选择》，哈里·马科维茨著。这本书以相当通俗易懂的文笔阐述了均值－方差分析法。另一本更正规的教材叫作《资产组合选择和资本市场的均值－方差分析法》。这本书不是谁都能读懂的，它主要面对那些有着深厚数学背景的人。我发现一个值得注意的现象，绝大多数和我聊天的分析师这两本书一本都没有读过。

（13）《股票、债券、票据和通货膨胀》，伊博森公司[⊖]出品，这本书包含了从 1926 年起的许多美国重要资产的极其详细的金融数据，同样也含有对资产组合分析中涉及的数学操作和运算的精妙叙述。

最后，我总是被问到如何“跟上”金融发展的脚步。其实，更准确的说法应该是“回顾”。与当前市场形势保持一致的最有效的方法就是尽可能多地去了解市场的历史。要想了解市场的历史，一个极好的起点就是去阅读查尔斯·麦基的《非同寻常的大众幻想与群众性癫狂》，这本书最早出版于 1841 年，现在可以很容易地找到它的重印版。这本书最开始的几章详细记载了几个世纪之前发生的密西西比阴谋、南海泡沫和郁金香泡沫，你会发现自己正在阅读的是网络股灾难事件，只是简单地换了几个名字。

此外，我推荐詹姆斯·格兰特的几乎所有著作，此人娱乐性的写作风格和对金融历史的领悟能力是首屈一指的。（《思维的金钱价值》《留心市场先生》《繁荣之过》都是非常好的入门作品。）

如果你真的很想跟上金融的脚步，那就去订阅《金融杂志》（订阅费用为每年 80 美元，其中包含了美国金融协会的会员资格）和《金融分析师》（订阅费大概每年 150 美元）。这些杂志中的文章比较深奥，专业术语多，而且充斥着晦涩难懂的公式，但每一期杂志中都有一篇

⊖ 伊博森公司（Ibbotson Associates）是晨星公司（Morningstar）全资控股的专业投资顾问公司，于 2006 年被晨星公司以 8300 万美元收购。其以资本市场统计分析及建构资产配置闻名于金融业界及学术研究界，其退休金计划和投资顾问服务在全球处于领先地位，为众多金融和投资公司提供资产配置模型和咨询服务。——译者注

很重要且容易理解的文章让你的订阅费用物有所值。这类杂志只适合专业的金融人士去阅读。

对资产配置者有用的网站

当我写作本书的前一版本时，我对网络上提供的建议和数据的质量没什么建议。现在就不同了，如今网络上有用的信息资源非常丰富。以下是一份非常详细的清单：

21 世纪的投资（http://www.fee-only-advisor.com）：这是弗兰克·阿姆斯特朗所创立的网站，它是所有在线投资书籍的鼻祖。弗兰克的观点和我相似，只是他比我更幽默也长得更帅。他的狗——沙茨克，比华尔街上其他任何人都要更懂得市场时机选择。本书第 22 章是对《华尔街周刊》的经典模仿。

投资者之家（http://www.investorhome.com）：收集了很多投资数据和财经媒体的链接。

FINWEB（http://www.finweb.com）：极好的金融学的学术资源检索器。

TAM 资产管理（http://www.tamasset.com）：杰夫·特洛特纳创立的按资产分类的网站。这个网站定期发布对资产绩效表现进行回顾的《资产分类》杂志。杰夫也发布 DFA、MSCI、伊博森数据序列的年化收益率，并将其放在这个网站上。

Barra（http://www.barra.com）和 Wilshire（http://www.wilshire.

com)：这两个网站都有着极好的资产分类数据可供下载。浏览 Barra 大概是跟随市场定价的最好方法，因为它基于史实地独特记载了美国的定价方法，而 Wilshire 则有着更为大量的月度收益数据。

摩根士丹利资本指数（http://www.mscidata.com）：MSCI 所有国家和地区的指数收益都提供下载服务。(这些数据是以月度指数点数的形式被下载的，如果想获得月度指数收益，那就去下载“总收益”指数，然后用当月的指数点数除以上一个月的指数点数即可得出指数收益。)

金融发动机（http://financialengines.com）：诺贝尔奖获得者威廉·夏普所建立的资产配置服务网站。你可以看到未来，但你看到的真的就是对的吗？你也应该看看他的精彩的网站主页。

金融杂志（http://www.afajof.org）：如果它很重要，那似乎它应该被放在本章节的最开端位置，但遗憾的是，这个网站中的文章经常不是用英语写作的。

基金公司：基本上所有的基金公司都有着几乎毫无意义的促销网站，一般我见到此类网站都会绕道而行。然而这里有 3 个令人激动的例外：先锋基金（http://www.vanguard.com）是一个全功能的服务网站，提供了可供下载的招股说明书、申请和年报，在线会计服务，以及大量的有关资产分类的教学资源。DFA 的网站（http://www.dfafunds.com）虽然排版有些杂乱无章，但同样值得访问。最后，特维迪布朗的网站（http://tweedy.com）重点推荐了他们编写的小册子，尤其是那本《投资的头号法则》。他们的年报也很值得你去阅读。

| 附录 A |

做你自己的投资组合分析师

本附录供极少数对本书中的电子表格分析和均值 – 方差优化器的细节感兴趣的读者阅读和使用。你需要对编写电子表格较为熟悉，尤其是“复制功能”，该功能使你能够将给定的公式粘贴到单元格中。

我将一个 Excel 电子表格模版的压缩文件放在了 http://www.efficient-frontier.com/files/sample.exe 网站上，该模版可以计算 1970 ～ 1998 年的年化收益率和标准差。

表格中的收益率数据是虚构的：我很想使用真实的数据，但遗憾的是真实数据是有版权保护的。幸运的是，相当多的月度和年度收益数据序列现在已经可以在网上得到。相关数据你可以在第 9 章中提到的 TAM 资产管理、MSCI、威尔逊和 Barra 的网站上寻找。你可以从《股票、债券、票据和通货膨胀》这本年度报告中找到伊博森公司的数据，这本报告相对比较便宜。最好的资产收益的单页数据来源是杰夫 · 特洛特纳的 TAM 资产管理网站（http://www.tamasset.com），在该网站上他张贴了美国和外国按风格划分的主要指数以及中期国债从 1973 年以来每年的收益数据。

均值 – 方差优化器

直到最近，均值 – 方差优化器的价格都高居不下（大部分现在依旧如此），因此在电子表格中使用优化器很浪费成本。幸运的是，我说服我的同事大卫 · 威尔金森编写了两种便宜的优化器（VisualMVO 和 MVOPlus），售价 99 美元起。这两种软件可以从有效软件网（http://www.effisols.com）买到。这件事他可能永远都不会原谅我。

要知道，你正在进入一个大多数金融从业人员都很敏感的领域。大多数“零售型”投资从业人员（比如共同基金销售员和经纪公司的账户管理员）最多也是模糊地知道投资组合理论和 MVO 的概念。那些熟悉这些概念的人构成了投资领域的精英群体，他们通常是大型投资公司的基金经理。这些人把投资组合理论当成中世纪行会中的商业秘密一样看待，因此不要指望从他们那里能够得到太多帮助。

所以你只能靠你自己。我们在第 5 章中提到过，均值 – 方差分析法在设计投资组合时并不是很有用。它主要是一个教学工具，可以帮助你理解投资组合的表现。有时它在回答一些高度专业的问题时也能派上用场。例如，你正在怀疑贵金属股票在你的投资组合中的作用。你可以建立一个简单的 MVO 分析，分析中包括你的投资组合中的股票和债券，再加上贵金属股票。然后你可以上下调整贵金属股票的收益率，以寻找出达到被允许加入组合的标准的收益率数值。（当然，这样做之前你需要清楚了解它的标准差和与其他资产之间的相关性。）如果你的分析表明贵金属股票在收益率高于 5% 时就能够在你的组合中出现，那将其加入你的组合中是比较合理的。另一方面，如果你的分析表明贵金属股票的收益率需要达到 10%，你应该谨慎，因为贵金属股票的长期收益不太可能会那么高。

| 附录 B |

资产间的相关系数

以下是 3 个不同时期的相关系数矩阵。矩阵中的数字随着时期与时间间隔的变化而不同。例如，当单位分别选取为月度、季度和年度时，美国大型公司股票和小型公司股票在 1926 ～ 1998 年的收益率的相关系数都是不同的。

表 B-1 列出了伊博森数据库的 1926 ～ 1998 年各资产年度收益率的相关系数。表 B-2 列出了 1973 ～ 1998 年数据的相关系数。表 B-3 列出了更广泛的资产最近的季度数据。

注意短期债券和很多股票资产之间经常出现较小的负相关性，这是因为利率上升通常对股票价格有副作用，但却能增加债券的收益。利率下降时情况正好相反。这种负相关性并不存在于长期债券中，因为利率变化对债券价格的影响超过了对收益率的影响，结果利率上升使股票和长期债券的收益都上升了。这种短期债券和股票之间微小的负相关性解释了很多投资组合分析师更钟情于短期债券而不喜欢长期债券的原因。

如以上所说，相关系数会随着抽样的时期与时间间隔的变化而变化。因此，表中的数据只能用来进行初步的研究。例如，1994 ～ 1998 年季度收益的相关系数一般比同期的月度收益或年度收益要低。

表 B-1　1926 ～ 1998 年的年度收益的相关系数

	美国大盘股	美国小盘股	20 年期国债	5 年期国债	30 天期国库券
美国大型公司股票	1.00	—	—	—	—
美国小型公司股票	0.79	1.00	—	—	—
20 年期国债	0.20	0.01	1.00	—	—
5 年期国债	0.11	−0.05	0.90	1.00	—
30 天期国库券	−0.03	−0.13	0.25	0.50	1.00

表 B-2　1973 ～ 1998 年的年度收益的相关系数

	S&P	USSM	EAFE	HY	LTGC	IB	T-Bill	Gold	NATR	REITs	1Y	UKSM	JPSM
S&P	1.00	—	—	—	—	—	—	—	—	—	—	—	—
USSM	0.66	1.00	—	—	—	—	—	—	—	—	—	—	—
EAFE	0.46	0.34	1.00	—	—	—	—	—	—	—	—	—	—
HY	0.53	0.57	0.31	1.00	—	—	—	—	—	—	—	—	—
LTGC	0.57	0.31	0.19	0.65	1.00	—	—	—	—	—	—	—	—
IB	0.06	0.00	0.54	0.26	0.26	1.00	—	—	—	—	—	—	—
T-Bill	−0.09	−0.01	−0.15	−0.11	0.06	−0.31	1.00	—	—	—	—	—	—
Gold	0.09	0.21	0.23	−0.02	−0.06	0.06	0.22	1.00	—	—	—	—	—
NATR	0.53	0.59	0.35	0.13	−0.08	−0.08	0.04	0.56	1.00	—	—	—	—
REITs	0.56	0.84	0.33	0.64	0.29	0.01	0.02	0.34	0.62	1.00	—	—	—
1Y	−0.04	0.05	−0.11	0.16	0.03	−0.15	0.93	0.15	−0.08	0.08	1.00	—	—
UKSM	0.24	0.41	0.64	0.23	−0.02	0.57	−0.14	0.30	0.30	0.38	−0.13	1.00	—
JPSM	0.04	0.06	0.69	0.01	−0.10	0.54	−0.06	0.11	0.16	0.03	−0.10	0.41	1.00

注：S&P= 标准普尔 500 指数；USSM= 美国小型公司股票；EAFE=MSCI 欧洲、大洋洲和远东股票；HY= 第一波士顿高息债券指数；LTGC= 雷曼兄弟长期政府公司债券指数；IB= 所罗门兄弟全球非美元国家政府债券指数；T-Bill=30 天期美国国库券；Gold= 晨星贵金属基金平均指数；NATR= 晨星自然资源基金平均指数；REITs= 房地产投资信托协会指数（只包括股票）；1Y=1 年期公司债券指数（DFA）；UKSM= 哈尔 - 嘉威特 /DFA 英国小型公司股票基金；JPSM= 野村 DFA 日本小型公司股票基金。

表 B-3 1994 ~ 1998 年的季度收益的相关系数

	S&P	USSM	REITs	EAFE	INTSM	EM	EMSM	T-Bond	1Y	T-Bill	IB	HY	NATR	Gold
S&P	1.00	—	—	—	—	—	—	—	—	—	—	—	—	—
USSM	0.77	1.00	—	—	—	—	—	—	—	—	—	—	—	—
REITs	0.38	0.50	1.00	—	—	—	—	—	—	—	—	—	—	—
EAFE	0.82	0.66	0.09	1.00	—	—	—	—	—	—	—	—	—	—
INTSM	0.49	0.51	−0.09	0.84	1.00	—	—	—	—	—	—	—	—	—
EM	0.69	0.59	0.16	0.69	0.63	1.00	—	—	—	—	—	—	—	—
EMSM	0.57	0.53	0.15	0.57	0.51	0.94	1.00	—	—	—	—	—	—	—
T-Bond	0.09	−0.07	0.23	−0.30	−0.54	−0.33	−0.42	1.00	—	—	—	—	—	—
1Y	0.47	0.27	0.34	−0.01	−0.23	0.11	0.01	0.71	1.00	—	—	—	—	—
T-Bill	0.18	0.04	0.44	−0.28	−0.45	−0.13	−0.17	0.71	0.74	1.00	—	—	—	—
IB	0.35	0.23	−0.03	0.26	0.14	0.11	0.04	0.31	0.51	−0.03	1.00	—	—	—
HY	0.76	0.76	0.72	0.44	0.19	0.42	0.37	0.26	0.61	0.43	0.36	1.00	—	—
NATR	0.43	0.73	0.67	0.35	0.34	0.45	0.40	−0.12	0.24	0.11	0.16	0.64	1.00	—
Gold	0.07	0.31	0.02	0.12	0.37	0.46	0.44	−0.26	0.13	−0.03	0.00	0.08	0.56	1.00

注：S&P= 标准普尔 500 指数；USSM= 美国小型公司股票；REITs= 房地产投资信托协会指数（只包括股票）；EAFE=MSCI 欧洲、大洋洲和远东股票；INTSM=DFA 国际小型公司股票策略基金；T-Bond=20 年期美国国债指数（伊博森公司）；1Y= 一年期公司债券指数（DFA）；T-Bill=30 天期美国国库券；IB= 所罗门兄弟全球非美元国家政府债券指数；HY= 第一波士顿高息债券指数；NATR= 晨星自然资源基金平均指数；Gold= 晨星贵金属基金平均指数。

术 语 表

A

Active management 主动式管理 一种试图通过证券分析来获得比市场回报更高收益的方法。

Alpha 阿尔法值 管理者或基金的收益与基准值的差异程度。基准值通常用回归分析来定义。例如，每月 +0.2% 的阿尔法值意味着管理者或基金的收益在该研究阶段超过了回归定义的基准收益相应的数量。市场的阿尔法值被定义为零。

American depositary receipts（ADRs）美国存托凭证 美国存托银行为外国公司发行的股票证券。1 份 ADR 可以代表该公司在本国交易所上市交易的任何固定数额的股票；例如，1 份 ADR 可能代表 2 份、10 份或者 4.5 份该公司在本国证交所交易的股票。通过套利行为，ADR 的价格被保持在与经汇率调整后的国外市场价格几乎相同的水平上。

Annualized return 年化收益率 为了得到给定收益或损失而必须保持不变的固定收益率。例如，如果 1 只股票在 3 个连续年度中的收益率分别为 0、0 和 33.1%，那么年化收益率就是 10%（$1.1 \times 1.1 \times 1.1=1.331$）。

Arbitrage 套利 在不同的市场中以不同的价格同时买进和卖出某种给定证券，来获得无风险收益的行为。（最普遍的套利方式是指数套利，通常通过发掘期货合约价格和标的股票价格之间的微小差价来获利。）

Ask price 卖出价 证券经纪人卖出股票或债券的价格，也叫发盘价。

Asset allocation 资产配置 一种将证券资产在各种资产类别中进行分类的方法。例如，美国国内外股票和国内外债券。

Asset class 资产类别 股票、债券和其他金融资产的类别。

Autocorrelation 自相关 在一个序列中某个给定收益对下一期收益的预测程度。与**相关性**一样，自相关的值在 +1（即高于或低于平均水平的收益总会带来相同方向的收益）与 −1（即高于或低于平均水平的收益总会带来相反方向的收益）间变化。正的自相关暗示着动力，负的自相关使序列回归到均值。零自相关被定义为**随机游走**，即任何给定的收益都不包含对下一期收益的预测信息。

Average return 平均收益率 对一系列收益率的简单算术平均。在上面那个连续3年收益率为0%、0%、33.1%的例子中，平均收益率是11.033%。平均收益率对一般的投资者没什么用处，因为它几乎总是比年化收益率要大，并且经常过分夸大了实际的资产收益。

B

Beta **贝塔值** 贝塔值反映了股票或股票基金随市场上下波动的程度。例如，贝塔值等于1.3意味着市场涨跌1%将导致该证券或基金相应涨跌平均1.3%。贝塔系数较高的股票和基金具有较大的风险。贝塔系数较低的股票或基金或许风险较低，但有时与市场相关性过低也可能带来较大风险。详见capital asset pricing model资本资产定价模型。

Bid price **买入价** 证券经纪人买入股票或债券的价格。

Bond **债券** 由企业或政府发行的债务。债券都带有息票，也即债券产生的利息。债券的期限一般在1年以上。（美国财政部发行的1～10年期限的证券被称作国库票据。）

Book value **账面价值** 公司的总资产减去无形资产和负债；粗略地讲，就是公司的净资产。

C

Capital asset pricing model (CAPM) **资本资产定价模型** 一种将风险和期望收益关联起来的理论。简而言之，该理论指出一种证券或资产组合的收益率等于无风险收益率加上由**贝塔系数**定义的风险溢价。该理论包含了大量不切实际的假设并且已被证实不符合实证数据的检验（例如，在真实世界中有着较高贝塔系数的股票并不比有着较低贝塔系数的股票有更高的收益率）。

Capital gain **资本利得** 通过销售证券或基金所获得的利润。它决定了适用税费的支付额度。

Cash flow **现金流** 扣除折旧和其他费用之前的收入。

Closed-end fund **封闭式基金** 一种可以像其他公司一样进行交易的投资公司，通常它的份额不可赎回，并且很少允许申购新的份额。它可以以高于（溢价）或低于（折价）其**基金单位净值（NAV）**的价格被交易。与其相反的是更被人熟知的**开放式基金**，也叫共同基金，这种基金每天都准确地以其净值作为交易价格，并且可以随时进行赎回和申购。

Commission **佣金** 付给经纪人用来执行交易的费用。

Contrarian **逆向投资者** 买入冷门或卖出热门资产和证券的投资人，他们表现出与主流和传统观点截然相反的行为。

Correlation **相关性** 两个数字序列（通常是金融学范畴中的收益率）之间相互关联的程度。相关系数在+1（资产A的高于/低于平均水平的回报会引起资产B高于/低于平均水平的回报）和 –1（资产 A 的高于 / 低于平均水平的回报会引起资产 B 低于 / 高于平均水平的回报）之间。零相关性说明资产 A 和资产 B 的收益不相关。

Coupon **息票** 在债券存续期间债务人向债权人的例行利息支付。1 份价值 1 000 美元、包含 6% 利率的息票的债券意味着有 60 美元的利息将要被支付，通常是分两个半年各支付 30 美元。

Currency risk/return **货币风险 / 收益** 在持有一种外汇资产期间由于汇率波动而产生的风险和收益。

Cyclical stock **周期性股票** 对经济形势非常敏感的证券，例如航空公司或造纸公司（与之相反的是食品和药品生产商，它们的收入和利润对经济形势不敏感）。

D

Discounted dividend model（DDM） **股利贴现模型** 一种通过计算预期未来股利的折现值来估算公司或市场的内含价值的方法。未来股利扣减的程度叫作贴现率，它通常近似于资产的风险调整后收益。

Diversification **分散化** 将资产配置在不同风险、收益和相关性的投资中，从而使**非系统性风险**最小化。

E

Efficient frontier **有效边界** 所有在相同预期风险水平上最大化其收益的或在相同预期收益水平上最小化其风险的投资组合。用来计算这些资产组合的数学工具叫作**均值 – 方差分析法**，它是由哈里·马科维茨发明的。

Efficient market hypothesis **有效市场假说** 这个概念指出，市场充分反映了所有信息以至于针对公开可获得的信息的分析将不会带来任何超额收益。

Expense ratio **费用比率** 简称费率，将资产花费在运营共同基金上的比例，包括管理和咨询费用、间接成本和 12b-1（印发资料的费用和广告费用）。费用比率不包括经纪人佣金、息差和市场冲击成本。

H

High-yield "junk" bond **高收益（垃圾）债券** 指那些标准普尔评级为 BB 级或更低级别的债务工具。按定义，这种债券比风险较低的投资级债券有着更高的收益。

I

Index fund **指数基金** 一种模仿股票市场指数（例如标准普尔 500 指数）收益的共同基金。

Indexing **指数化** 指精确跟踪给定股票指数（例如标准普尔 500 指数）的投资策略。参见 passive investing strategy 消极型投资策略。

Initial public offering（IPO） **首次公开发**

行 指一家公司第一次公开向公众销售自己的股票。在IPO之后，所发行的股票将在二级市场进行交易。

Institutional investors 机构投资者 指大型投资机构，包括保险公司、储蓄机构、养老基金和慈善基金会等。

L

Ladder 债券梯 将债券组合在相同间隔时间到期的债券产品上均匀分摊的投资策略。例如，1个5年的债券梯将相等数额的资金投资在期限为1年、2年、3年、4年和5年的证券上。大部分此类证券都是美国财政部发行的证券。

Liquidity 流动性 交易活跃程度的等级，它决定了买入和卖出的难易程度和**市场冲击**。当一种证券的交易活动很活跃时，即能够迅速成交并拥有低廉的买卖价差，可以说该证券具有流动性。流动性差的证券具有较低的交易活跃程度，即有着高昂的买卖价差和显著的市场冲击。

Load fund 有佣基金 一种会被收取高达8.5%销售费用的共同基金。另有No-load fund免佣基金。

M

Market capitalization 市价总值 也被称作市值，指一家公司所有股票的市场价值。公司经常被分成大盘股公司、中盘股公司和小盘股公司。大部分股票指数都是市值加权的，即各个成分股按其市值大小来分配在股指篮子中的比例。这意味着这类股票指数是由那些最大的公司所操控的。

Market impact 市场冲击 由于大量买入或卖出某只证券而造成的价格上涨和下跌。这反过来将影响到那些拥有大规模**交易量**的机构资产的收益。

Market portfolio 市场组合 一种由所有投资者可以投资的股票组成的资产组合或指数，其中各成分股的比例由它们的**股票市值**决定。与之类似的有威尔逊5000指数、罗素3000指数和CRSP指数。

Market return 市场收益 市场组合的收益。

Maturity 到期日 指偿付债券本金的日期。

Mean-variance analysis 均值–方差分析法 详见efficient frontier有效边界。

Modern portfolio theory（MPT） 现代投资组合理论 风险收益权衡法则的基本原理。

Mutual fund 共同基金 由投资公司进行管理的一种由股票、债券和其他资产构成的资产组合，通常面对小型投资者。共同基金使投资者能够很容易实现市场风险的高度分散化。它受1940年《投资公司法案》的约束。另见load fund有佣基金和no-load fund免佣基金。

N

Net asset value（NAV） 基金单位净值 基金投资的价值。一个免佣共同基金允许投资者以每天的基金单位净值进行申购和赎回。封闭式基金像股票一样被交易，有时相比于 NAV 会产生较大幅度的折价或溢价。

No-load mutual fund **免佣共同基金** 一种售价中不包含销售和分销费用（12b-1）的共同基金。

Nominal return **名义收益** 直接观测得到的收益，没有经过通胀调整。

Nonsystematic risk **非系统性风险** 指投资组合或证券中可以通过分散化消除的那部分风险，也叫作可分散的风险。当非系统性风险被消除后，剩下的就是无法被消除的系统性风险了。(这两个词的前缀容易使人迷惑。“系统性的”风险是不可分散的，而“非系统性的”风险是可分散的。)

O

Open-end fund **开放式基金** 通常与共同基金是同一个意思。开放式基金根据客户需求以基金单位净值为价格发行和赎回新的基金份额。另见封闭式基金。

P

Par value **票面价值** 债券的面值或到期日价值，通常为 100 元。

Passive management, portfolio, or strategy **被动式的管理、投资组合和策略** 指不主动进行证券分析的选股策略，基本上等同于指数化。有一个区别是被动式管理的投资组合可能不会选择那些基于程序化交易、财务和估值法则选出的证券，同时也不需要盯住某个特定的指数。

Portfolio **投资（资产）组合** 指一些证券的组合。

Portfolio theory **投资（资产）组合理论** 指研究资产组合整体的风险和收益与组合中各部分的风险、收益及相关性之间的关系的理论。

Price-book（P/B）ratio **市净率** 用公司股票的市值除以公司账面价值所得到的比率，也可以以每股的形式计算出来。该比率为股票贵贱程度和是否是价值股提供了测度方法，通常拥有较低市净率的股票被认为是便宜的价值股。

Price-earnings（P/E）ratio **市盈率** 用公司股票市值除以公司总收益得到的比率。该比率的解读方法同市净率。

R

Random walk **随机游走** 指证券价格为随机、无法预测时的状态，此时收益序列不存在自相关。

Real interest rate,real return **实际利率或实际收益率** 指一种证券的收益率中超过通胀率的那部分。实际利率或收益率为零的证券或投资组合的价值恰好等于其经通胀调整后的价值。一种拥有不变的 $x\%$ 实际收益的证券或投资组合可以在规避通胀损失的基础上额外获得 $x\%$ 的持久回报。

Real estate investment trust (REITs) **房地产投资信托** 这是一种从事资产或抵押品管理业务的公司。法律规定该类公司须将 95% 的收益支付给股东。

Rebalancing **调平** 指通过买卖投资组合中各个部分来使组合达到目标资产配置（也称为政策性配置）的过程。

Regression analysis **回归分析** 是一种在大多数电子表格工具包中都能找到的数学工具，该工具可以分析几个序列之间的关系。在金融学中，回归分析通常用来计算已知的市场因素对投资组合收益的贡献程度，以及计算主动式管理的基金经理的阿尔法值（高出或低于市场收益的程度）。

Reinvestment risk **再投资风险** 指未来的债券利息可能会以较低利率进行再投资的风险。

Return **收益** 一定时期内投资组合价值的变动，包括股息和其他的分配。

Riskless rate **无风险收益** 投资于无风险资产获得的收益，通常指 30 天期或 90 天期的国库券。这是所有投资者都可以获得的基础收益。根据现代投资组合理论和资本资产定价模型，超过无风险收益的盈利（通常也叫风险溢价）只能以承担市场风险的方式来获得。

Risky asset **风险资产** 指任何暴露于市场风险之中的资产。

R squared ($\boldsymbol{R^2}$) **R 平方** 指相关系数的平方。它度量了收益序列可以被某种指数或因素解释的程度。例如，如果一只共同基金与标准普尔 500 指数的 R^2 为 0.8，则该基金收益的 80% 可以被标准普尔 500 指数所解释。

S

Security **证券** 指除了保险单、固定年金和期货合约以外的任何能通过交易实现其价值的纸质文件，大多数是股票和债券。

Semivariance **半方差** 指位于均值以下的那些收益的方差。由于方差度量了均值以上和以下所有收益的离散程度，因此很高的收益也会增大方差。因为只有均值以下的收益才被认为是风险，所以半方差被认为是度量风险的一种更好的办法。

Spread **价差** 一种证券买入价和卖出价之间的差值。价差可以用来度量证券的流动性大小。

Standard deviation (SD) **标准差 (SD)** 一种用来描述序列离散程度的统计学方法。一种证券或投资组合收益的标准差通常是其自身风险的良好估计。

Survivorship bias **幸存者偏差** 在估计所有证券或可投资公司的收益时使估计结果偏高的误差。该误差产生的原因是表现最差的个体已经消亡，因此在估计时没有考虑到这些已经消失的个体，从而使整体收益被动提高。

Systematic risk **系统性风险** 指市场组合的风险。这种风险是不可分散的。

T

Total return 总收益 等同于证券或投资组合的收益——包括了价格变动、股息和其他的分配。

Treasury inflation-protected security（TIPS）财政部通胀保值债券 一种国库券或国库票据，其息票和本金的支付与通胀率挂钩。在给定的到期日时，标准的国债收益和TIPS收益之间的差值即市场对同期通胀率的估计值。

Turnover 换手率 在一定时期中一种投资组合被交易的部分占整个组合比例，通常以年换手率表示。例如，对一个年换手率为200%的组合来说，其证券头寸平均每年被交易两次。

Utility function 效用函数 对每个经济上的产出赋予一个确定数值的数学方法。该方法通常以收益和风险为基础，用来建模或描述投资者的行为。

V

Value stock 价值股 相对其内在价值折价发行的股票。通常低市净率和低市盈率的股票被认为是价值股。

Variance 方差 方差度量了一系列数字围绕其平均值波动的程度。方差的平方根即标准差（SD）。与标准差类似，证券或投资组合的方差可以被视作其自身的风险或波动率。

Y

Yield 股息收益率 以股息形式支付的价值占整个证券价值的百分比。

Z

Zero-coupon bond 零息债券 不会定期支付息票的债券。其本金和再投资收益全部在到期日当天进行支付。

参考文献

前言

Brinson, Gary P., Hood, L. Randolph, and Beebower, Gilbert L., "Determinants of Portfolio Performance." *Financial Analysts Journal,* July/August 1986.

Brinson, Gary P., Singer, Brian D., and Beebower, Gilbert L., "Determinants of Portfolio Performance II: An Update." *Financial Analysts Journal,* May/June 1991.

第2章

Crowther, Samuel, and Raskob, John J., interview, *Ladies Home Journal,* August 1929.

Ibbotson Associates, *Stocks, Bonds, Bills, and Inflation*. Ibbotson Associates, 1999.

Keynes, John Maynard, *The Collected Writings of John Maynard Keynes, Volume XII, Economic Articles and Correspondence: Investment and Editorial*. Cambridge University Press, 1983.

第4章

Jorion, Phillippe, and Goetzmann, W., "Global Stock Returns in the Twentieth Century." *Journal of Finance,* June 1999.

第5章

Erb, Claude B., Harvey, Campbell, and Viskanta, Tadas E., "Forecasting International Equity Correlations." *Financial Analysts Journal,* November/December 1994.

Gibson, Roger C., *Asset Allocation*, 3rd Ed. McGraw-Hill, 2000.

Ibbotson, Roger G., and Brinson, Gary P., *Global Investing*. McGraw-Hill, 1993.

Malkiel, Burton G., "Returns from Investing in Equity Mutual Funds from 1971 to 1991." *Journal of Finance,* June 1995.

Malkiel, Burton G., *A Random Walk Down Wall Street.* W. W. Norton, 1996.

Markowitz, Harry M., *Portfolio Selection,* 2nd Ed. Basil Blackwell 1991.

Markowitz, Harry M., *Mean-Variance in Portfolio Choice and Capital Markets*. McGraw-Hill, 2000.

第6章

Brealy, Richard A., *An Introduction to Risk and Return from Common Stocks*. M.I.T. Press, 1969.

Graham, John R., and Harvey, Campbell R., "Market Timing Ability and Volatility Implied in Investment Newsletters' Asset Allocation Recommendations." *National Bureau of Economic Research Working Paper No. 4890,* 1995.

第7章

Benartzi, Shlomo, and Thaler, Richard H., "Myopic Loss Aversion and the Equity Premium Puzzle" *The Quarterly Journal of Economics,* February 1995.

Clayman, Michelle, "In Search of Excellence: The Investor's Viewpoint." *Financial Analysts Journal,* May/June 1987.

Dreman, David N., and Berry, Michael A., "Overreaction, Underreaction, and the Low P/E Effect." *Financial Analysts Journal,* July/August 1995. (See also *FAJ,* May/June 1995.)

Dreman, David N., *Contrarian Investment Strategy: The Psychology of Stock Market Success*. Random House, 1979.

Fama, Eugene F., and French, Kenneth R., "The Cross-Section of Expected Stock Returns." *Journal of Finance,* June 1992.

Graham, Benjamin, *The Intelligent Investor*. Harper and Row, 1973.

Graham, Benjamin, and Dodd, David, *Security Analysis: Principles and Techniques*. McGraw-Hill 1934. Reprinted 1996.

Haugen, Robert A., *The New Finance: The Case Against Efficient Markets*. Prentice-Hall, 1995.

Lakonishok, Josef, Shleifer, Andrei, and Vishny, Robert W., "Contrarian Investment, Extrapolation, and Risk." *Journal of Finance*, December 1994.

Miller, Paul F., Jr., "Low P/E and Value Investing," in Ellis, Charles D., ed., *Classics II: Another Investor's Anthology*. Business One Irwin, 1991.

Peters, Thomas J., and Waterman, Robert W. Jr., *In Search of Excellence: Lessons from America's Best Companies*. Harper Collins, 1982.

Siegel, Jeremy, *Stocks for the Long Run*. McGraw-Hill, 2000.

Value Line Graphic Supplement 1994 (valuation historical data).

第8章

Bogle, John C., *Bogle on Mutual Funds*. Dell, 1994.

Bogle, John C., *Common Sense on Mutual Funds*. Wiley, 1999.

Cooley, P. L., Hubbard, C. M., and Walz, D. T., "Sustainable Withdrawal Rates from Your Retirement Portfolio." *Financial Counseling and Planning*, 10(1), 39–47.

Edleson, Michael E., *Value Averaging: The Safe and Easy Strategy for Higher Investment Returns*. International Publishing, 1993.